営《エイ》業《ギョウ》

sales

kazumasa tomita

野村證券伝説の
営業マンの
「仮説思考」と
ノウハウのすべて

冨《トミ》田《タ》和《カズ》成《マサ》

CROSSMEDIA PUBLISHING

はじめに

日本トップレベルの営業集団である野村證券での営業マンとして。

フィンテックという新しい領域を拡大させるベンチャー企業の経営者として。

私は10年以上、すべてのビジネスの中心となる「営業」について考え、国内外で実践し続けてきた。

そしてその過程で、多くの日本の営業の常識とぶつかった。

◉営業は「足」で稼げ
◉営業は人情勝負だ
◉営業は3年で辞めろ
◉営業は迷惑だ
◉営業はダサい　……etc.

かつてものづくりで世界を席巻した日本において、最前線の営業部隊はどこか軽視され続けてきたところがある。

だが、その結果が「いま」である。

停滞を打破し、可能性を見出し、ビジネスをつくる上で、営業は最重要の存在だ。どんなによいものを生み出しても、それが広がり、顧客のもとに届かないと意味がない。

実際に、世界の企業、とくに熱量のあるアジア新興国では、セールスこそが実力のある人間に任されているということを私は目の当たりにしてきた。

その営業の「仮説・検証のループ」を現在まで繰り返し続け、常に新しいやり方を模索してきたからこそわかった「営業」という仕事の新境地を、思考法から実践的スキルまで、個人から組織まで、理性から感性まで、あらゆる角度でひもといたのが本書である。

*

「おい冨田、名刺持ってちょっとついてこい」

入社から7週間ほど経ったある朝、新人教育担当のH先輩に声をかけられた。

いよいよか、と思った。

証券会社の営業はライセンス制なので、新入社員がいきなり営業に出ることはできない。その免許がようやく下りたため、先輩のアテンドとはいえ人生初の「証券営業」に出るときがきたのだ。


先輩について向かった先は、支店の目と鼻の先にある駅前の不動産会社だった。

「おはようございます！ 野村證券のHです。ご挨拶に伺いました！」


普段より1オクターブ高い先輩の声が狭い事務所内に響く。

デスクにいる社員たちから冷たい視線が私たちに向けられた。

でもH先輩は笑顔を1ミリも崩さず、入り口で堂々と立っていた。

（証券営業って、本当に「ご挨拶」で飛び込むのか……）

というのが、そのときの私の偽りのない第一印象だった。

しかし、その一発目の飛び込みは、なんと幸運にも経営者が自ら出迎えてくれ、成功に終わる。「手本を見せてやる」と意気込んでいた先輩もそこまでうまくいくとは予期していなかったようだ。

それから1ヶ月、私はH先輩に教わった通りに、「ご挨拶に伺いました」一本で必死に飛び込み営業をかけまくった。

「大事なのは量だ。量をこなして情熱を持って仕事をしていれば結果はついてくる」と、あの日の後、先輩から教わったからだ。

でも結果は全然出なかった。

愕然とするくらい出なかった。

残念ながら私は営業の才能がある方ではなかった。むしろ不器用な部類に入る。

営業トークはしどろもどろな一方で、体格が大きいため、「恐い」という印象をよく持たれた。

少し人見知りな側面もあり、経営者の交流会などがあってもあまり自分から積極的に話しかけられるタイプでもない。ましてや新規開拓営業など、自分が担当するなど考えたこともなかった。

また、もともとストイックな人間でもない。面白いマンガを読み始めれば、見境なく読み続けてしまって、睡眠不足になって反省をすることもたくさんあったし、テレビも同様に際限なく見てしまうので、テレビを家に置くことを泣く泣くやめてしまったくらいだ。

こんな具合に営業に向いていない理由はいくらでも挙げられた。

そんな私が誇れたのは唯一、幼い頃から大学までやり続けたサッカーで鍛えた体力だけ。だから先輩の言う通り、量はこなした。朝は誰よりも早く出社して夜は誰よりも遅くまで働いた。

それでも営業成績は同期入社のなかで下から数えた方が早いくらいだった。

このまま同じことを続けていても状況は好転する気配はなかった。

そこで私は作戦を少しだけ変更してみた。

いや、正しくは「自分の頭を初めて使ってみた」と言った方がいいだろう。

最初に行ったことは、飛び込みの第一声で使うフレーズを考えることだった。

なぜなら、「ご挨拶に伺いました」では99％のケースで受付すら突破できず、商品提案どころではなかったからだ。

飛び込み営業のボトルネックは受付突破にあることに、ようやく気づけたわけだ。


その作戦を練るときに用いたのが、本書のテーマの一つでもある「仮説思考」だ。

自分が営業をかけられる側だと仮定して、どんな言葉なら刺さるのかということをひたすら仮説ベースで考え、現場で試し、磨きをかけていった。

私が最初に立てた仮説は、「営業としてお願いにきたというスタンスよりも、顧客の味方であることをアピールした方がいいんじゃないか」ということだった。

しかし、それだけでは漠然としているので、さらに深掘りをしていった。

「顧客の味方とは何だろう？」

それは「役に立つように見える存在」かもしれないし、「知り合いのように見える存在」のことかもしれない。

「役に立つとは何だろう？」

それは「事業課題をタイムリーに解決すること」かもしれないし、「経営者の個人的な悩みを解決すること」かもしれない。

このような深掘りを私は「因数分解」と呼んでいる。これを繰り返すことも、本書で紹介する仮説営業の大きな特徴である。

そうやって出てきた仮説の数々を日頃の営業でどんどん試していって、効果のあるものはブラッシュアップを図り、どんどん自分の引き出しに入れていった。

仮説構築と検証を繰り返した結果、私の十八番になった飛び込みのパターンを一つ紹介しよう。

たとえば不動産会社に飛び込むときは、「ご挨拶に伺いました」ではなく「本日は不動産の件で伺いました」と切り出すと、受付突破率は桁違いに高くなる。

もちろん不動産の売買ではなく金融商品の提案をしたくて来ているわけだが、ここに少し曖昧さを残すのがミソだ。この言い方なら証券会社の顧客に不動産を紹介したいという話なのか、野村グループの不動産部門と何かしらのコラボができないかという話なのかわからない(実際にはどっちに転んでも対応できるので問題はない)。その判断は受付なり電話なりで対応する社員には判断がつかないので「社長に確認した方がいいかな?」と思いやすい。「金融商品の営業で来ました」という雰囲気をいかに消すかということから逆算して考えたアイデアだった。

このような勝ちパターン、ある種の「型」をどんどん増やしていったら、効果はすぐに出始めた。

ボトルネックだった受付突破率はみるみる上昇。そして受付突破のパターンがある程度見えた段階で、私はリスト選定やヒアリング、クロージングなど、営業プロセスのあらゆるフェーズで仮説構築と検証のサイクルを回して、型を増やしていった。

その結果、私は最初の1年間で企業や経営者を中心とする220件の新規顧客を開拓。同期ではダントツトップ、また全社員でも新規開拓においてトップ10に入った。

2年目からは上場企業を含む、より大きな優良企業や、経営者などの富裕層にだけ絞って開拓をして、預かり残高を拡大。3年目で、全国の7年目までの若手のなかで、個人売上においてナンバーワンになれた。

そして入社4年目。超富裕層の資産管理や資産運用を担うプライベートバンキング部門に当時最年少で異動した。

全国のトップセールスになるという目標を果たす前に証券営業の現場を離れることになってしまったが、以上の結果や、3年目になったばかりで地区の全社員でトップになったりと、いくつかの史上最年少記録を樹立することもできた。

こうした実績を残せたのは、自分の営業スタイルを感覚に頼るわけでもなければ、気合いと根性に頼るわけでもなく、徹底的に深掘りをして、定量的に計測をして、ひたすら改善を続けられたからだと思っている。


本書は、私が実践を通して身につけた営業スタイルを改めて体系化し、一冊にまとめたものである。

まず、序章「日本の営業がアップデートすべきこと」では、営業という仕事の価値をとらえ直し、日本の営業パーソンが自信を取り戻して、変化していくための5つの考え方を紹介している。

第1章「営業をアップデートするために必要な力」では、序章の内容をさらに具体化し、世界で戦える営業になるために身につけるべき、4つの力について説明した。

そして第2章・第3章は実践編となる。

第2章「マーケティングプロセス」では、リスト選定から顧客の情報収集、アプローチまで、顧客との面談前までの下準備について解説している。確度の高い見込み客を見つけるための、頭の使い方がキモとなる（ちなみに、ここでは一部の営業パーソンには関わりが薄いコンテンツもある。たとえば、B to Bの既存顧客へのルート営業担当者は、新規開拓のためのテレアポについてのテクニックは必要としないかもしれない。そういった場合には遠慮なく次の第3章から読んでいただきたい）。

第3章「セールスプロセス」では、アポイント後の顧客とのコミュニケーションプロセスごとのメソッドについて網羅した。ヒアリングからニーズ喚起、プレゼン、成約、そしてその後の紹介営業までをフォローし、顧客のニーズを精度高く察知するための「仮説思考」で、成約率と単価を上げることを目的にしている。

第4章・第5章からは、ここまでの実践的知識をふまえた応用編だ。

第4章「営業として加速度的成長を果たすための思考と行動」では、個々の案件の成否ではなく、営業に関わる方々のキャリア全体を通しての目標設定や成長戦略について触れた。

第5章「強い営業組織のつくり方」では、組織での仮説・検証ループを定着させ、メンバー各自がモチベーション高く、かつ実績を上げ続けられるような仕組みを解説した。もちろんリーダー層の方には面白く読んでいただけると思うが、プレーヤーとして活躍している方にとっても、セルフマネジメントのための知識として非常に有用なものが詰まっていると思う。

ちなみに本書では主にB to Bでの営業についての事例を多く扱っているが、経営者や富裕層個人に対してのニーズ喚起の手法など、B to C営業にも使える考え方も紹介している。適宜、応用する方法を考えながら読み進めていただけるとありがたい。決して易しい本ではないが、読み終えたときには確実に、新しいものの見方が手に入っていることと思う。

本書があなたの日々の仕事の一助になれば幸いだ。

④ 見込み顧客管理

第3章 セールスプロセス

⑤ 面談（ヒアリング～ニーズ喚起）

⑥ プレゼン・検討

第4章

営業として加速度的成長を果たすための思考と行動

第5章 強い営業組織のつくり方

おわりに

序章

日本の営業がアップデートすべきこと

(*sales*)

営業の評価が低い世間の風潮

営業職は他の職種と比べて一段低く見られる風潮がある。

私は飛び込み営業もしていたので、人間扱いされないこともしばしばあったし、大学の同級生に近況を聞かれて「証券営業をしている」と言うと「あ……そうなんだ。ノルマ大変でしょ」と勝手に同情されることもよくあった。過去に営業をしたことがある人ですら、現場から離れると営業の存在を軽視しだしたりすることもある。

就職先を探している人のなかにも「自分はスキルがないけど体力には自信があるから営業やろうかな」と当たり前のように口にする。

これらのことには、おそらく現役の営業の方には共感していただける部分は多いのではないだろうか。

営業に対する世間のイメージをまとめれば「とにかく頭を下げ、毎日が我慢の連続で、常にストレスを抱えている」という感じだろうか。

しかし、私の考える理想の営業は「顧客に必要とされ、日々成長が実感でき、しかもストレスフリーな職業」である。

この本に書いてあることをすべて実践できれば、きっとこんな理想の営業になれると信じている。

ただ、日本の営業の現状を見る限り、まだまだ改善すべきことがたくさんある。

まずは本編につながる問題提起として、日本の営業のアップデートすべき点を整理していきたい。

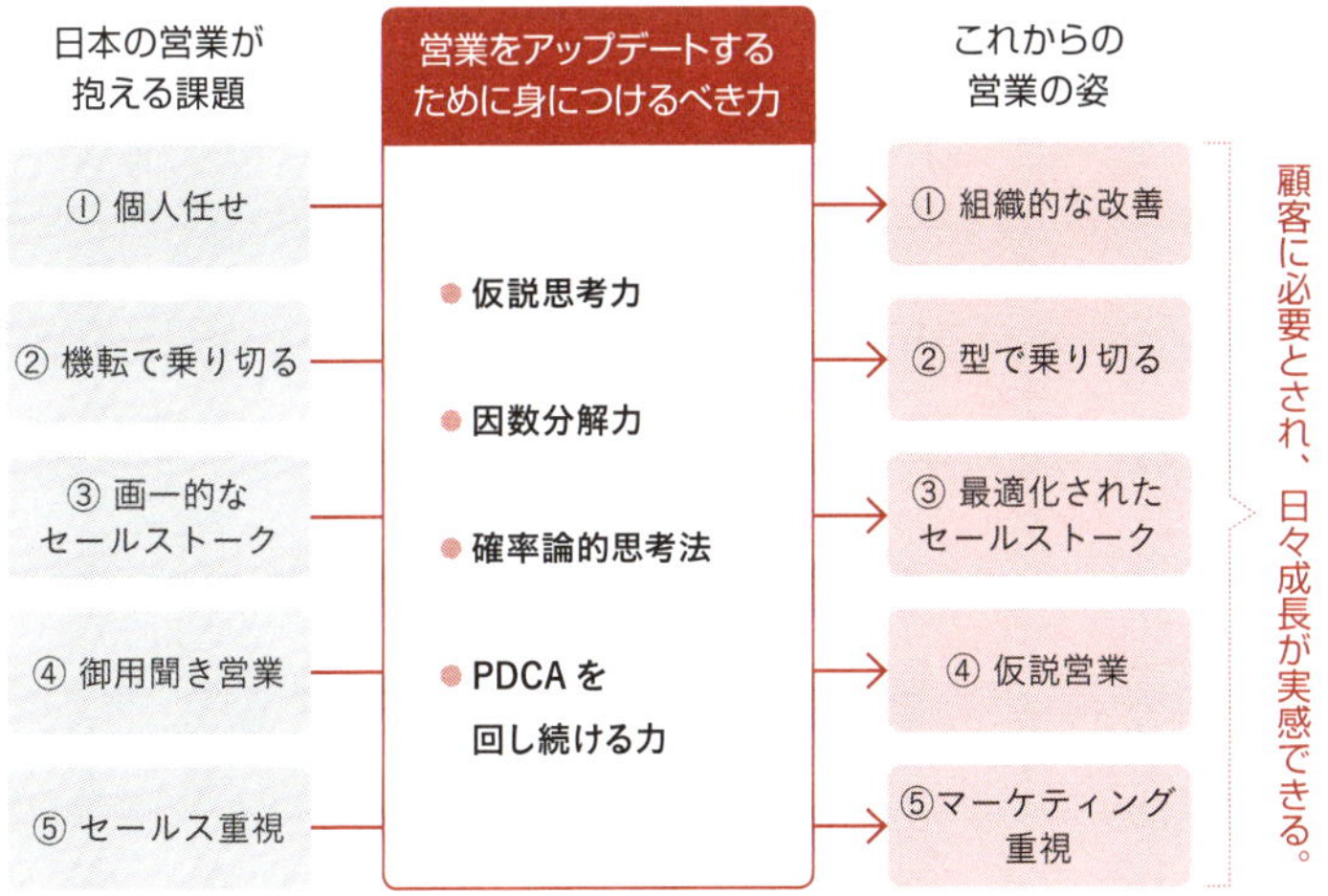

[0-1] 営業の5つの課題と身につけるべき4つの力

①「個人任せ」から「組織的な改善」へ

多くの日本企業では、営業職は個人商店のような扱いのままであることが多い。

その理由は、営業プロセスの体系化や言語化が決定的に不足していることが原因なのではないかと思っている。考えてみれば、営業はどんなビジネスでも欠かせない重要なスキルなのに、ＭＢＡで「営業学」を教えないというのも不思議な話だ。

体系化されていないため「営業」という言葉の定義も曖昧で、結局は「量をこなしたやつが成果を出す」とか、「コミュニケーション力が大事だ」といった漠然とした話で片付けられたり、「営業なんて誰でもできる」と思われたりする。

そして何より、「土台」がないから組織としての改善がしづらい。

元来、日本人は改善が得意だ。

トヨタのＫＡＩＺＥＮは英語の辞書に載っているし、もっと遡《さかのぼ》れば、日本人は種子島《たねがしま》で入手した謎の武器を分解して、自分たちで鉄砲をつくってしまった。いずれにも共通するのは、その構造が明文化しやすいものであるということだ。

営業に近いところで言えば、日本企業のブランディングやマーケティングのノウハウは世界でも高いレベルであるが、これは欧米からロジックを輸入して日本独自に進化させたものも多い。

世間では「ブランディング」や「マーケティング」をやっているというとスペシャリストのイメージがあるのも、体系化が進んでいるからだ。

こうした改善力を日本企業が営業に活かせていないのはもったいない。

営業のプロセスが体系化しづらい

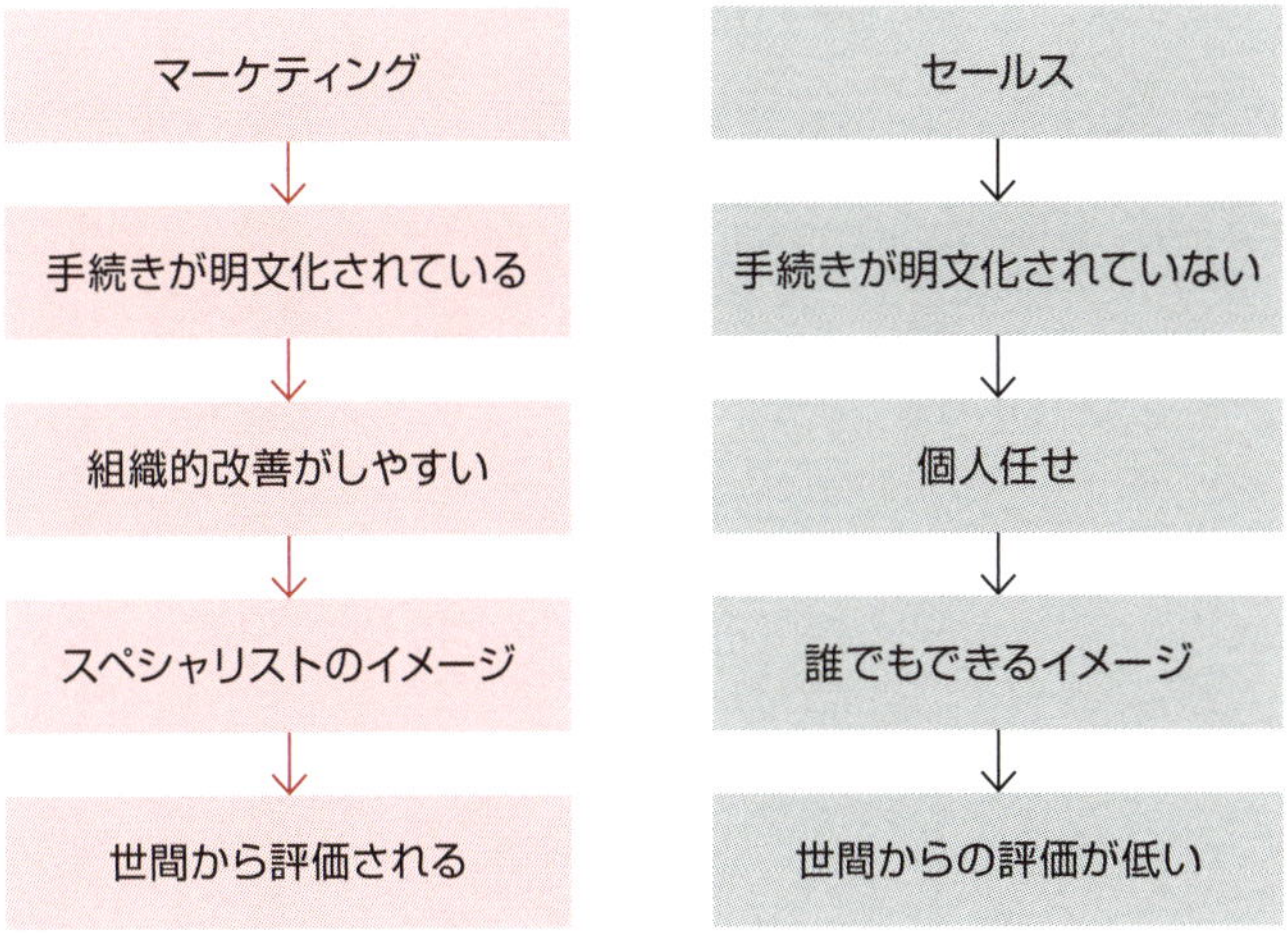

[0-2] セールスとマーケティングの差

理由は、最終的な成果に関わる要素（＝変数）が多いからだろう。

同じ顧客に同じ商品を同じセールストークで提案するとしても、そのときの気分や環境のわずかな変化で結果が変わってしまうのが営業であり、それこそ冒頭で触れたエピソードのように、「ご挨拶で伺いました」と言って経営者に会えてしまうようなことがなまじ起きてしまう。

そして変数が多いから、トークがうまくてプレゼンも堂々とこなせる人材を「営業向きだな」と思って配属させても、人事の思惑通りにいくことは滅多にない。

それにトップセールスの営業スタイルを見ても百人百様なので「これだけ不確実なら型を考えるだけ無駄だ」と思考停止してしまうのではないだろうか。

しかし、トップセールスの話を聞けば聞くほど、ベースとなる考え方は同じだったりする。「営業プロセスを分解して考える」とか、「数値目標から逆算して行動目標を決める」とか、「顧客のタイプに応じてアプローチを変える」とか、「常にボトルネックを探して改善を続ける」といったことである。

本書はまさにそのベースとなるような考え方を身につけてもらうことが目的なので、第2章と第3章については営業のプロセスごとに話を区切りながら、できるだけ営業の全工程を体系化できるように心がけた。

②「機転勝負」から「型化」へ

営業を何年もやっていれば、経験則からいくつかの必勝パターンは持っているはずだ。しかし、その必勝パターンの多くは感覚的で、定量的な検証も甘く、パターンの数も圧倒的に少ない。体系化や言語化の話にも少し通じるが、多くの営業は「型」を増やそうとする意識が低いと感じる。

「変数が多いから営業には機転が大事だ」と言い張る人もいるが、むしろ変数が多いからこそ型を増やして、少しでも機転に頼らなくていいようにすることが、安定して成果を出すために大事なのではないだろうか。

型にする対象はいくらでもある。

私の場合は「受付突破のための第一声」が最初につくった型だったわけだが、課題も型化できるし、解決策も型化できるし、立ち居振る舞いやセールストーク、人間関係構築、さらには顧客リスト選定もすべて型化できることを学んだ。

営業としての成長とは、能動的にこうした型の数を増やすことであり、その型をブラッシュアップし続けることだと思っている。私の現役時代、特に1年目は、ひたすら型の検証に明け暮れたと言ってもいいくらいだ。

実際、世の中のトップセールスは膨大な数の型をストックしている。

彼らからすれば数字を上げることはもはやルーチンワークと化していて、現場で起こることはほとんどが想定の範囲内。トップセールスが現場でしどろもどろになることが滅多にないのは、型がいくつもあるからだ。

型を使っているときは脳という名のCPUに負荷がかからなくなる。ある意味、条件反射のように対応できるようになる。よって表面的なことに意識が割かれることなく、より深く相手の表情を読んだり、相手の思考を先読みしたりといった高度なことができるようになる。

仮にイレギュラーなことが起きたとしたら、「なるほど、こういうパターンもあるのか。じゃあ次回、このパターンになったらどう対応するのが最適なのか?」と必死に考えて新たな型をつくっていこうとする。

当然、100％の精度の型など存在しないが、型を身につけるたびに各プロセスの成功確率が上がる。だから全体の営業プロセスを俯瞰してみて、「ここが改善できたらインパクトが大きそうだ」と思われるボトルネックから順番に型をつくっていけば、全体の確率（成約率）も自然と上がっていく。

数少ない「なんとなくの型」をやり続ける営業と、日々、「精度の高い型」を増やすことにフォーカスしている営業では、桁違いの成果の差が出て当然だろう。

③「画一的アプローチ」から「最適化されたアプローチ」へ

型が少ないと言えば、テレアポ営業や飛び込み営業などでマニュアルを暗記しただけのような営業に遭遇すると、とても残念な気分になることがある。

おそらく本人には悪気はなく、会社から「お前は何も考えずに機械的にアプローチ件数をこなせばいい」と言われているだけなのだろうが。

しかし、ＡＩが身近な存在になり、レコメンド機能が日に日に進化しているいまの時代に（しかも電話をかけること自体がビジネスマナーに違反すると認識している人が増えている時代に）、一方的に話したいことを話すというのもどうだろうか。

時代が求めるのは最適化であり、それに応じて営業の手法も進化しないといけないと思うのだ。

顧客の課題に合わせたソリューションを提案する。

顧客の趣味や性格に合わせた雑談を振る。

顧客の気分に合わせたテンションでしゃべる。

このように、顧客の期待値に合わせて臨機応変にアプローチを変えることができたら、間違いなくトップセールスになれると思っている。

私は現役時代、画一的なアプローチの限界にすぐに気づいたので、飛び込み営業をかけるときはもちろん、テレアポをかけるときすらマニュアルには頼らず、電話をかけながらホームページなどで相手の情報を調べ、瞬時にニーズを推測し、それによって話す内容を変えていた。

顧客ごとの最適化は手間がかかる。

それは事実だが、先ほどの型の話に戻れば、日頃から型を増やしていれば「臨機応変に型を選ぶ」だけの話なので、さほど難しい話ではないはずだ。

④「御用聞き営業」から「仮説営業」へ

悠長な営業と言えば、真っ先に思い浮かぶのが御用聞き営業だろう。

「何かお困りのことはありませんか？」

このような御用聞きが成立するのは、漫画『サザエさん』で描かれる三河屋と磯野家のような強固な人間関係ができているときに限られる（三河屋の三平は、磯野家の子供たちにスキーを教えるような間柄だ）。

ビジネス環境が劇的に変化する時代に、そんな牧歌的な営業が結果を残すことは難しい。実際、「御用聞き営業の時代は終わった」というのはよく言われることだ。

その一方で、ニーズを把握するためにはヒアリングが大事だという話もよく耳にする。「これからの営業に求められるスキルは説明力より傾聴力だ！」という話もある。

確かに傾聴力は特定の局面においては大事だし、私もその類の本は営業になりたての頃に読んで実践したが、それだけではまったく足りない。

冷静に考えてみればすぐにわかるが、相手のニーズをまったくわかっていない状態でヒアリングをする行為は、営業をかけられる側としては御用聞きをされているのとまったく同じだ。

御用聞きのレベルを脱するには、顧客に会う前にニーズの仮説を準備することだ。

そこでもし仮説を一発で的中させることができれば、相手も「よくわかったな」と思って具体的な話を積極的にしてくれるだろう。そこからは傾聴力が役に立つ。

それに仮説が多少ずれていたとしても、雲をつかむように話を進めるよりは話の起点ができるので、建設的な話につなげられる可能性が高い。

顧客とのファーストコンタクトの段階で仮説を持っていることは、富士山をいきなり5合目から登ることができるのと似ている。

営業する側として好スタートが期待できるだけではなく、営業される側としても、わざわざ富士山の裾野から登ってこようとする営業担当より、5合目からガイドしてくれる営業担当を選ぶはずだ。だが、そのことに多くの営業は気づいていない。

⑤「セールス重視」から「マーケティング重視」へ

日本の営業は、顧客リストづくりからクロージングまでの一連のプロセスを一人の営業が担うケースが一般的である。日本でも分業制を採用している会社もあるものの、いまだに一人の営業がすべてをやらなければいけない会社は多い。

私も前職ではそうだったし、それが当たり前だと思っていた。

しかし入社2年目のある日、営業の本を読んでいて、アメリカなどでは営業が分業制になっていることが多いことを知った。すなわち、アポを取るまでのプロセスがマーケティング、もしくは最近の言葉で言えばインサイドセールス（内勤営業）、アポを取った後のプロセスを担当するのがセールス（外勤営業）だ。

それを知って妙に腑に落ちた記憶がある。

というのも、私自身が営業のＰＤＣＡを回しているなかで、内勤で担当者に会うまでの工程と、外勤として担当者に会ったあとの工程で必要な能力は別次元で、回すべきPDCAが大きく違うと感じていたからだ。

しかし、多くの営業パーソンは、「担当者に会えたらこんな話をしよう」「こんなデータを見せよう」と後工程の営業のことばかり考えてしまう。

特に「営業は足で稼ぐものだ！」と信じ込んでいる昔ながらの営業に多い思考である。これではいくら営業力を磨いても効果は限定的だ。

確率論で考えれば、「顧客をどう説得するか」ということより、「どの顧客を説得するか」の方がはるかにインパクトがある。前工程のマーケティングで優良顧客を見つけ出していれば、初回面談からプレゼンに行ける率も、プレゼンからクロージングに行ける率も飛躍的に上がる。

99対1とは言わないが、せめて7対3くらいの割合で内勤営業に注力することが求められていると私は思う。

最近、インサイドセールスの概念が日本でも浸透しつつあるのも、営業を仕組み化したり、ビッグデータ解析をしたりすることによって営業効率を上げるためだ。

つまり、ニーズがあるかわからない100人にアプローチするより、ニーズがありそうな20人を統計的に抽出して、丁寧にアプローチする方がはるかに成約率が高く、それは会社にとっても営業にとっても顧客にとってもWin‐Win‐Winになるということだ。

以下の図は人工知能を用いた営業プラットフォームを提供しているアメリカのInsideSales.comの調査をまとめたものである。アメリカでは内勤営業と外勤営業の割合が2011年にはほぼ半々だったが、徐々に内勤営業の割合が増えており、その傾向は今後も続くと予想されている。

実際に弊社組織のなかでも、インサイドセールスチームの人数が一番多

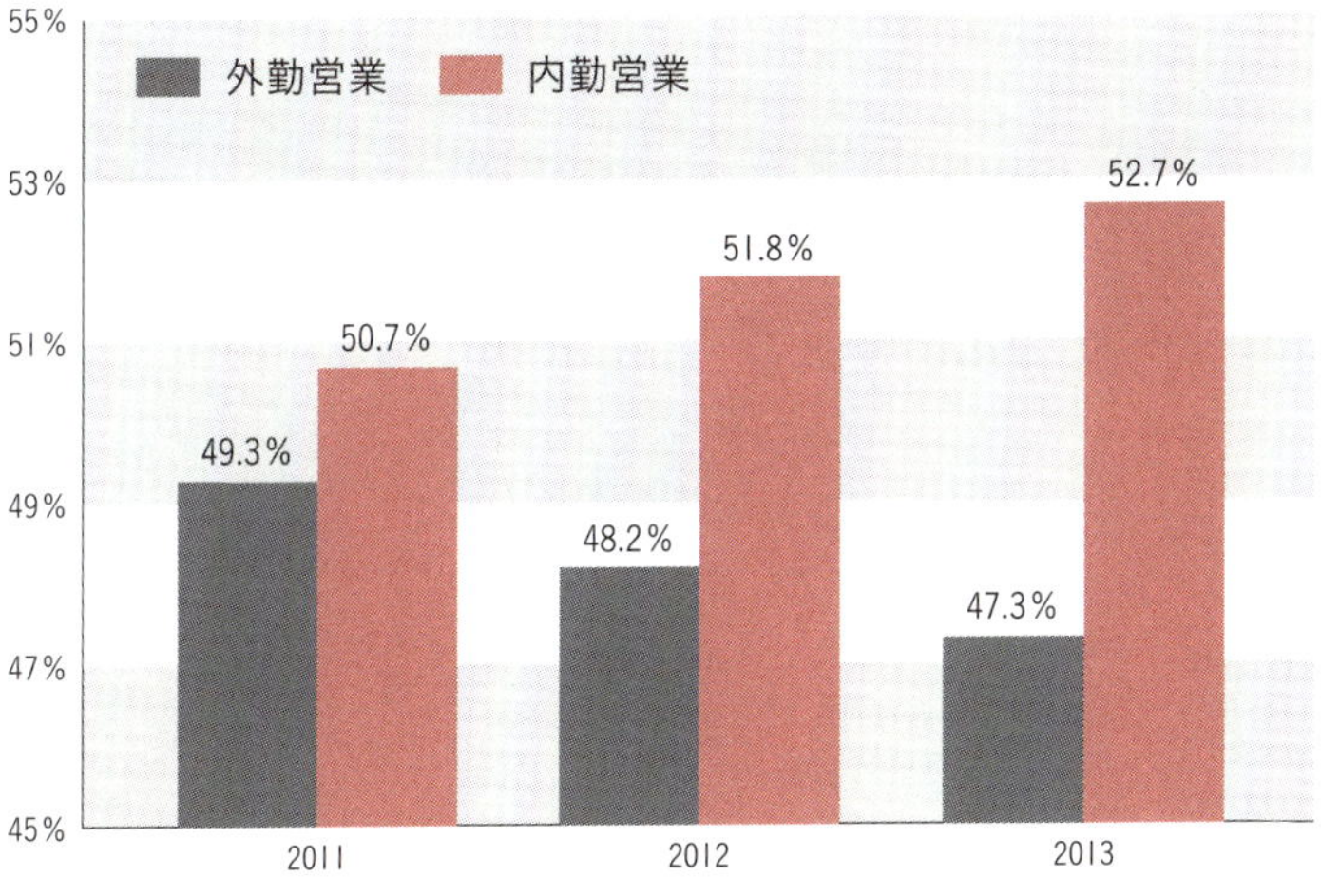

[0-3] 外勤営業が減少し、内勤営業が増えている

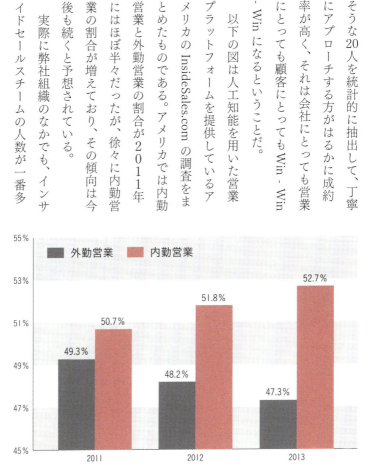

い。基本的に営業活動全般の舵取りはインサイドセールスチームが担い、フロントチームは必要最小限の人数だけになっている。インサイドセールスチームが機能し、紹介やインバウンドでの問い合わせが多くなると、フロントチームは最小限の人数になってくる。こうしたアプローチは、今後さまざまな企業で同様に表れてくると思う。

とはいえ、フロントチームの人間がゼロになるということもない。そうした立場で活躍するのであれば、もちろんバッターボックスに人の倍立つことができるのも才能であり、その価値がなくなることはないだろう。10件アプローチして3件成約を取る人より、20件アプローチして4件成約できる人の方が勝ちというゲームの本質は今後も変わらないのだ。

ただ、20件アプローチできる馬力のある人なら、なおさらマーケティング感覚を身につけるべきである。

マーケティングからセールスまで満遍なくこなせる営業はそもそも多くない。だからこそ、そこをすべて押さえることができれば周囲の営業を圧倒できるし、営業プロセスを自分でコントロールしている感覚が持てるので、日々の業務も断然、面白くなるだろう。

第1章

営業をアップデートするために必要な力

日本の営業がアップデートすべきことが整理できたところで、営業が自らを進化させるために必要な力について解説しておきたい。

まとめると次の4つの能力に収斂《しゅうれん》すると思っている。

①　仮説思考力
②　因数分解力
③　確率論的思考法
④　ＰＤＣＡを回し続ける力

これを身近な例になぞらえて簡単に説明しよう。

私がテレアポ営業をするときに実践していたテクニックの一つに、「代表番号の末尾1桁をずらして電話する」というものがあった。受付で2回断られたときに私なりに実践していた非常時用の「型」で、これをきっかけに経営者に電話をつないでもらい成約に至ったのは一度や二度ではない。

こうした型も、この4つの能力があったからこそ自分なりにつくれたことだ。

必要な力① 仮説思考力

仮説思考とは、「〜かもしれない」という仮説を立ててそれを検証していくことである。先ほどの番号をずらすという発想は「受付のガードが堅いということは、そこを突破している他の営業パーソンも少ないということ。そうなると経営者も含め、他の社員は営業慣れしていないかもしれない。だったら、そのガードの低いところにかけてみよう」という仮説から始まっている。末尾1桁をずらすのは、電話番号が連番になっている企業が多いからだ。

そしてこのアイデアは、日頃から丁寧に物事を分解して考える習慣がなければ思いつかなかっただろう。通常、テレアポでのコンタクト先は代表番号か担当者の連絡先しか思いつかないが、アプローチルートを因数分解していたときに気がついたのが、他の一般社員の存在だった。

そして確率論的な視点で考えると、ガードのゆるい社員の方が経営者につながる確率が当然高い。ちなみに技術系の社員の方はガードが特に低いことがわかっていたので、技術部の電話番号がインターネットに書いてあったらそこに電話したりもしていた。

そして、こうした仮説は妄想で終わらせないで、すぐに実行に移して確信に変わるまで検証し続けることが重要だ。番号ずらしも仮説を立てたらすぐに実戦投入してその効果が実証できたことで、新たな型としてストックすることができたのだ。

圧倒的なスピード感で成果を出せる「仮説営業」とは

私が実践していた営業スタイルをあえて一言で表すなら「仮説営業」である。日々の営業活動を仮説思考に基づいて実践するという意味だ。

仮説思考とは、課題に直面したときにその解決策が見えていない状態でも問題全体を俯瞰して「ボトルネックはここだろう」と推論を立て、それを実証するために行動を起こすマインドセットのことである。ロジカルシンキングでいう演繹《えんえき》法。「結論ありき」「ゴールありき」「目的ありき」ですべての思考がスタートする。「現時点で考えられる最適解」でまずはスタートしてみる考え方と言った方がわかりやすいかもしれない。

そして仮説思考の目的は「いち早く動き出すための（現時点で考えられる）最適解を見つけるため」であり、私の場合は「圧倒的な速さで成長して全社のトップになるため」に仮説思考でどんどん走り出し、走りながらそれをアップデートし続けることが必要であった。

経験を積み上げていけばだんだん答えが見えてくると考えるのが一般的な思考パターンだと思うが、それでは結果が出るまでに時間がかかりすぎると感じたのだ。

その点、あらかじめ問題の本質のあたりをつける仮説思考は、仮説が当たっていればいきなり問題の核心に迫ることができるし、「間違えていたら修正すればいい」という前提なので、解決策を試す際の躊躇がなく仕事のスピードがとにかく速い。

仮説営業スタイルを徹底することができれば、営業未経験からスタートしても、10年選手、20年選手を1、2年で追い抜くことすらできる。

仮説営業が特に本領を発揮するのは、顧客の課題（ニーズ）を特定する場面だ。

限りある情報から顧客の課題を推測して、初めてコンタクトを取るときにいきなりその仮説をぶつけるというのが私の営業スタイルの最大の特徴だった。

それが当たると「どうしてそんなにこちらの事情がわかるの？」というリアクションをしてくれるお客様もいる。「何かお困りのことはありませんか？」と課題を聞き出すことから始まる御用聞き営業と比べると、相手に与える印象（信頼度）も違うし、初対面でいきなり深い話からスタートできる。

私の場合、仮説を立てる対象は実に多岐にわたった。

受付突破の第一声をどうするかから始まり、細かいところでは受付に声をかけるときのトーンすらも「意外と落ち着いた感じの方が印象がいいかもしれないな」と仮説を立て、ある週はひたすら抑えめのトーンを試してみて、受付突破率が改善されるか検証するようなことをしていた。デジタルマーケティングの世界で「A／Bテスト」という用語があるが、これはAパターンとBパターンのバナーやランディングページを両方試してみて、効果がより出た方を採用するという手法だ。私はこのようなことを営業の現場で「リアルA／Bテスト」と呼んで実践し、効果が高い型をアップデートし続けていた。

また、顧客選びのときも仮説が大いに役に立った。

たとえば新しい商品・サービスが出てきたときに仮説を立てるクセが身についていると、「この商品・サービスはどの業界が欲しがるだろうか」という思考の深掘りが勝手に始まるようになる。そして同じことが何度か起こると、仮説が型へと進化して、自分のなかで必勝パターンが一つ増える。

仮説を立てないと、「とりあえず上場企業を片っぱしから当たるかな」といった場当たり的な発想になりやすいのだ。

仮説と情報の関係

仮説思考自体は、「思考のクセ」のようなものなので、日頃から自分が探偵になった気分で因果関係を推測する習慣さえ身につければ、誰でも習得できる。

ただ、そのときに同時に身につけたいのが情報収集能力である。

名探偵は推理力だけではなく観察力にも優れている。それとまったく同じで、情報が多ければ多いほど仮説の精度は高まっていく。

ただし、仮説精度を高めようと情報収集に時間をかけすぎれば、スピード感が損なわれてしまう。

よって、情報収集の仕方自体も仮説を立てながら型を増やして効率化を図らないといけないし、ある程度仮説が立ったら検証に移る潔さも大切になってくる。

情報収集とニーズの仮説構築については、第2章で改めて説明する。

必要な力② 因数分解力

思考を整理し、課題の見落としを防ぐ

因数分解力は思考を整理したり、課題の見落としを防いだりするときに欠かせないスキルで、これができると必然的に仮説の精度も上がる。

まずは手始めに「営業」を因数分解してみよう。どうやって分解すればいいか迷ったときは、プロセスで分解するのが一番簡単で確実だ。

営業のプロセスを分解すると左の図のようになる。

さらにここに「情報収集とニーズの仮説構築」「見込み顧客管理」「紹介」などのプ

ロセスが適宜入ってくるのが営業の流れだろう。

この分解作業には、1分もかからない。

だが、こうやって営業プロセスを可視化するだけでも「自分はプレゼンは得意だけど、リスト選定は結構適当にやっているかも」といった改善ポイントが見えてくる人もいるはずだ。

それがまさに因数分解の強みである。

もちろん、このレベルの分解ではまだまだ粒度が粗い。それぞれのプロセスもさらに因子を分解して、ピンポイントのボトルネックに光を当て、仮説

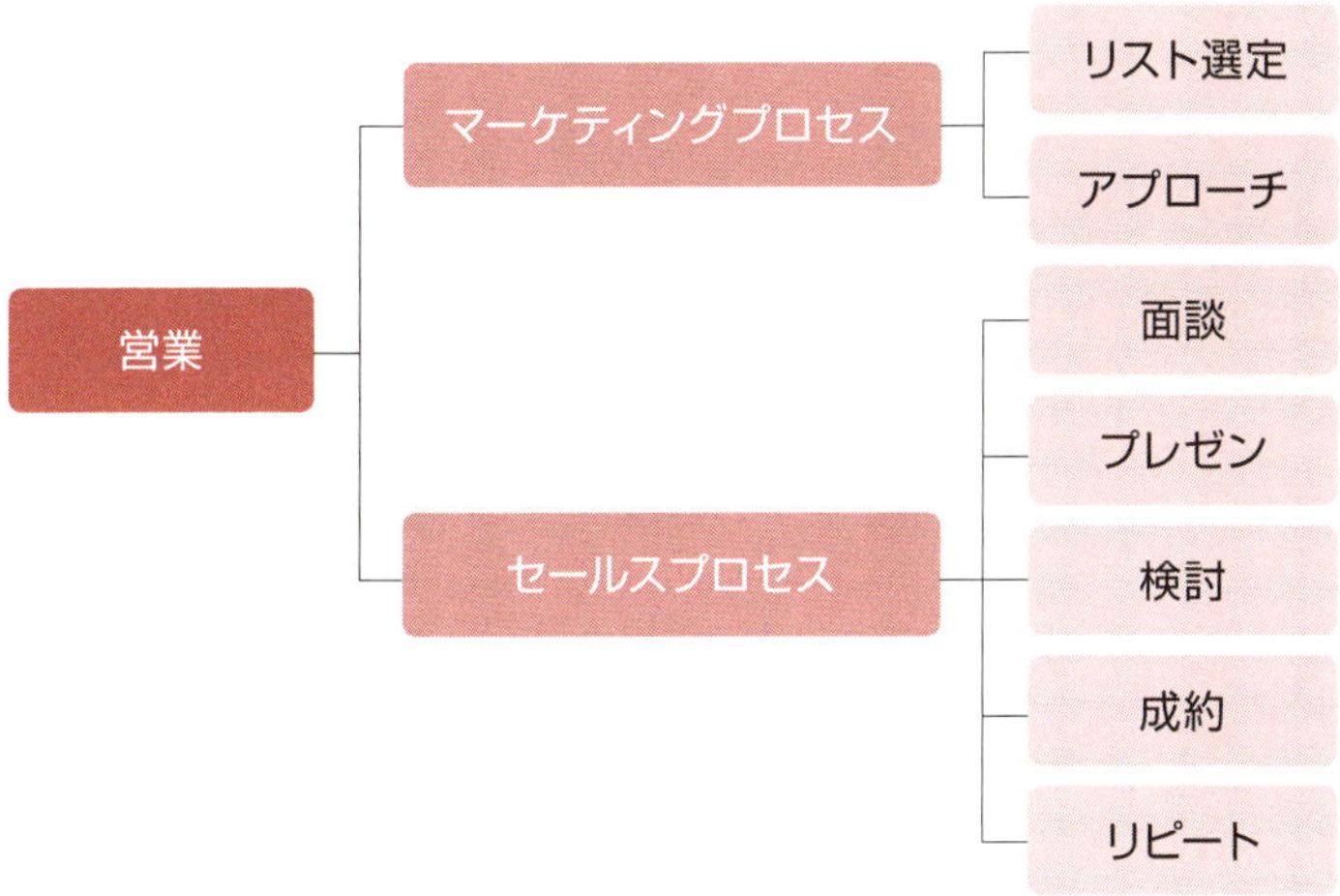

[1-1]「営業」の因数分解

を立てて検証しながら一つひとつ是正していく。

これが営業として成長していく基本形だと思っている。

因数分解のクセがついていない人や、因数分解の粒度が粗い（＝思考の深掘りが苦手な）人ほど、絶えずボヤッとした状態で課題を抱えている。

しかし、課題が不明瞭だと打ち手がわからないし、いくら頑張っているつもりでも結果につながらないからモチベーションは下がるばかりで自信もつかない。

このような悪循環に陥っている人は、営業に限らず本当に多いと感じているが、その悪循環もたった1分の因数分解で断ち切ることができるかもしれないのだ。

因数分解のコツ

仮説営業における因数分解のコツは、できるだけ細かく分解することである。

先ほどの営業プロセスの分解例では3階層までしか分解していないが、さらに4階層目、5階層目と分解できるはずだ。

たとえば「プレゼン」のプロセスだけを見ても、実際にどのような作業で構成されているか考えてみると、「資料づくり」「ストーリーテリング」「質疑応答」など、いろいろ因子が見えてくる。

さらに「資料づくり」の因子を考えてみれば「データ収集」「構成づくり」「ライティング」「デザイン」などに分解できることに気づくだろう。

ここまで分解すれば、自分はプレゼンが比較的得意だと感覚的に思っていた人であっても、実は得意なのは「ストーリーテリング」だけで、「資料づくり」はまだまだ改善の余地があることに気づけるかもしれない。

繰り返すが、因数分解は課題や改善ポイントの見落としを防ぐために行うものである。

因数分解の仕方に必ずしも正解は

- 分解の仕方で迷ったらプロセスで切る
- 量×質で切るのもおすすめ
- MECE（漏れなくダブりなく）を意識する
- やるべきことが明確になるまで分解を続ける
- マインドマップ作成ツール（Xmindなど）を使うと便利
- 課題を分解しても解決策を分解してもいい
- 分解できたと思ったら、さらにもう１段深掘りしてみる

［1-2］因数分解のコツ

ない。

たとえば、営業という行為全体を営業プロセスごとに分解してみるのも有効な方法だが、「量×質」で分解するような方法もある。

いずれも共通するのはMECE（漏れなくダブりなく）であることで、課題の致命的な見落としを防ぐためにも、因数分解の第2階層、第3階層くらいまではMECEで分解するクセをつけるといいと思う（たとえば「営業」をいきなり「業種」で分解してしまうと、食品業界・化粧品業界・アパレル業界……と、あまりに挙げうる要素が多すぎて特定の業界がすっぽり

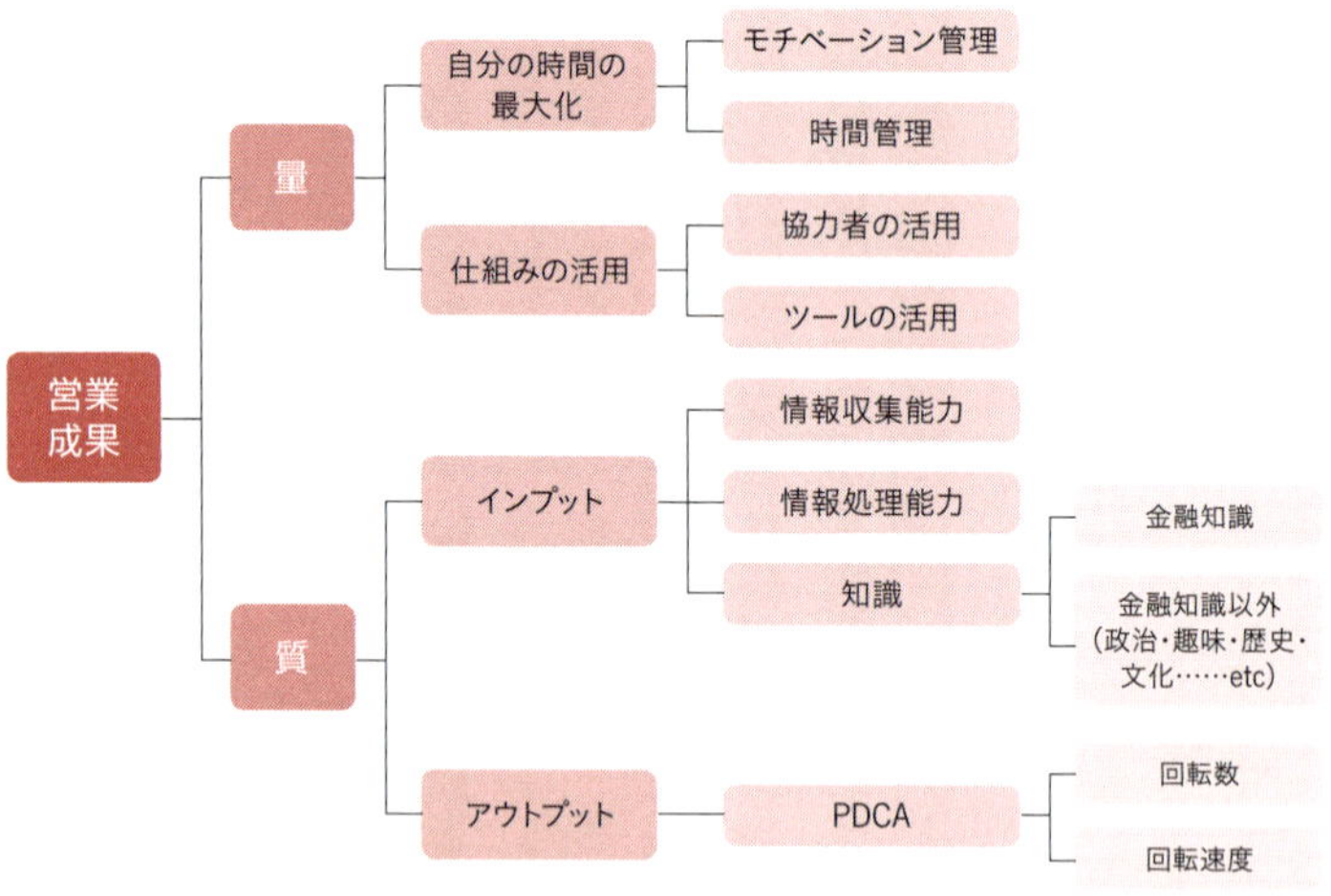

[1-3] 営業の成果を量と質から因数分解する

抜け落ちるリスクが伴う)。

右の図は私が現役時代に自分の課題を見つけるために使っていた因数分解の一つである。

これは「量×質」で分解したもので、ここから導き出された因子はすべて「課題候補」である。私はこれらに優先順位をつけて、改善できればインパクトが大きそうな課題から仮説ベースで改善を試みていった。

営業には奇抜なアイデアは不要で、因子の見落としさえなければ結果は必ずついてくる。

これが私の持論だ。

企画系の仕事なら発想力は必要だし、そのためには課題を因数分解するだけでは不十分だろうが、確率の世界にすぎない営業は、こういった当たり前のことを当たり前にやり続けるだけでトップセールスになれる（もちろん、「やり続ければ」だが）。

仮にそのトップセールスがユニークなことをしていたとしても、それは因数分解とPDCAで導き出せるものなのだし、仮説を考えるときにセンスの差が出ることはあったとしても、センスがないならその分だけPDCAを回せば精度は追いつくし、追い越すことができる。

やることが明確になるまで深掘りする

「できるだけ深掘りしたほうがいい」と書いたものの、実際どこまで分解すればいいのか迷うかもしれない。

一つ言えることは、因数分解に慣れていない人は、往々にして分解が甘い。本人的には分解し尽くしたと思っても、2階層くらい分解したら思考が止まっているケースがほとんど。これは若手メンバーを指導するなかで、毎日痛感していることだ。

では、どこまで深掘りすればいいかというと「やることが明確になるまで」だ。

先ほどの例だと、「資料づくり」に改善の余地がありそうだとわかったとしても、課題の粒度が粗いので具体的に何をすればいいのか見えてこない。ということは深掘りが足りない証である。

そこからさらに深掘りして「デザイン」が課題だとわかったら、解決案として「誰かからテンプレートをもらう」というアイデアを思いつくかもしれない。

ここまでいけば、「資料づくりの上手なA先輩から雛形をもらう」といったTODO

が出てきやすい。

そこまでいけばあとは「やるかやらないか」の話になってくる。

大きな数値目標は必ず分解する

営業にとって切っても切れない関係であるノルマ。講演や研修などで呼ばれて話をしていると、ノルマとの付き合い方を苦手とする人が多いと感じる。

特に私がもどかしさを感じるのは、ノルマを前にして自信を失いかけ、何も手がつけられない状態に追い込まれている人たちだ。第三者から見ると「さっさと行動を起こせばいいのに」と思うだろうが、この状況に置かれた本人は冷静さを失っているので、本当に次の一手がわからない。

これは課題を大きな粒度で抱え込んだままだから起きる。

大きな数値目標も、やはりやるべきことがはっきりするまで分解するのが基本だ。

たとえば年間売上目標が５０００万円だとしたら、まずそれを月単位などに分解してみる。

すると月間４１６万円になるので、それを平均客単価で割る。仮に40万円だとしたら、月に10・4件の契約が必要になる。さらにそこから自分の過去のクロージング率やアポ率などを使って計算をしていけば、1日あたりのアプローチ件数や用意すべき顧客リストの数などが見えてくる。

もしその数が現実的ではないのであれば、ツールや第三者の協力で数を増やす施策も考えられるし、量ではなくクロージングの質（＝率）を上げるという選択肢も出てくる。

いずれにせよ因数分解しないと見えてこないアクションプランである。

ただ、クロージング率を2％上げるという課題のままだとやるべきことが明確にならないので、さらに分解する。その結果、「交渉術の本を読むこと」が効果的だと判断したとしたら、さらにもう1段階分解してみよう。

「今日の午後、外回りの途中に駅前の本屋に寄って交渉術の本を1冊買う」というTODOレベルが導き出されたら、分解は終了だ。

このように、因数分解をすれば、「5000万円」という大きな課題が、「本屋に行く」という具体的なアクションに落とし込める。こうした分解の習慣が身につけば、少なくとも次の一手がわからないという状況からは抜け出せるはずだ。

必要な力③　確率論的思考法

営業は確率の世界である

先ほどインサイドセールスについて簡単に触れたが、実はインサイドセールスには2つの意味がある。アポを取るまでの部門という意味と、営業の活動全般を社内からサポートする部門という意味だ。

後者のインサイドセールスは情報収集や顧客管理といった補助的な仕事だけではなく、営業プロセスのどこに課題があって、どのように改善していけばいいか数字ベースで分析を行い、営業戦略を練っていくブレーンのような存在だ。顧客にプレゼンする提案書の適宜改善も行う。

私はこのインサイドセールスの持つ2つの意味合いはもっと注目されるべきだと思うし、仮に会社にインサイドセールスチームがないとしても、営業はもっと自分の日々の行動を数字で徹底的に追い続けるべきだと思う。

営業をすべて数字で把握することの心理的メリットは計り知れない。

数字を追い続ける最大のメリットは、営業は確率の世界でしかないことを意識づけできることだ。

営業とは、初めから失敗の山から成果を生み出すことが運命づけられている職種である。普通の営業が100件テレアポをして1件取れるくらいなら、トップセールスでもせいぜい3件くらいだろう。97件は同じように断られているのだ。

それなのに、多くの営業はテレアポですら1件断られるたびに自分が否定されたような気分になって落ち込んでしまう。

それに対処する手段として感覚を麻痺させてしまうことや、かかる負荷以上のサラリーを貰って気持ちの折り合いをつけるような人が多いと思うが、いずれも臭いものにフタをしている状態である。

そうではなくて、数字の咀嚼《そしゃく》の仕方を変えればいいのだ。

要は、日頃から数字を追っていて「100件かければ1件取れる」とわかっていれば、電話をかけるたびに「この会社はその1％の会社なのか、99％の会社なのか」とリトマス試験紙で調べていくような感覚になる。

そこでどんなにきつい言葉で断られたとしても、一瞬、不快な思いはするかもしれないが、すぐに気持ちを切り替えて「よし、この会社はリストから消せる。正解に一歩近づいた！」と前向きにとらえることができる。

少し大げさに聞こえることを承知で言えば、確率論という考え方が本当に染み付くと「断ってくれてありがとう」と感謝の気持ちが湧いてくるようになるのだ。

私はまさにこの感覚で仕事をしていたので、テレアポも飛び込みも苦ではなかった。いや、むしろそういったメンタルになれたのは「いかにしたら苦と感じなくなるか？」という仮説を洗練させ続けた結果かもしれない。苦痛を感じた瞬間、手が止まったり、朝にその日の1件目にかけるまでもたもたしたりと生産性が著しく落ちることがわかっていたからである。

もちろん1％の確率を2％、3％と上げていく努力は絶えず続けないといけない。でもそれですら改善策を仮説ベースで考えて現場で検証していくわけだから、リトマス試験紙と変わりはないのだ。

営業プロセスを数字で把握する

プロセスによる分解と、量×質の分解は、組み合わせて使うこともできる。

たとえば先ほど分解した営業プロセスも、次のページの図のように量×質で因数分解すればすべて数字に変換できる。

私はこれらの因子すべてをエクセルで管理していた。

仮説を立てる行為自体は脳内で完結する話かもしれないが、それを検証するときに必要なのが、こうした定量データだからだ。

詳しくは第5章で取り上げるが、弊社の営業チームが使っているツールの一つに「KPI管理シート」と呼んでいるエクセルのシートがある。

そこには、営業の各プロセスごとの数値が、月次の目標値とともに書かれている（これをアップデートしているのはフロントセールスからの報告を受けた弊社のインサイドセールス部門）。

具体的には以下のKPIである。

- ●リスト数、リスト率
- ●アプローチ数、アプローチ率
- ●面談数、面談率
- ●プレゼン数、プレゼン率
- ●検討数、合意率
- ●受注数、完了率
- ●リピート数、リピート率

それぞれに月次の目標値が設定されているので、実数を入力すれば達成率も出る。

そしてこれを毎日眺めながら施策を考えるのだ。

この数字は業種や扱っている商品

マーケティングプロセス

リスト選定 = 総取得リスト数 × アプローチ可能なリスト化率

アプローチ = アプローチ数 × 面談可能な顧客化率

- 飛び込み = 訪問件数 × 面談可能な顧客化率
- テレアポ = アプローチ件数 × 面談可能な顧客化率
- DM = 送信件数 × 面談可能な顧客化率
- ウェブ広告 = 掲載件数 × 面談可能な顧客化率
- セミナー = 招待件数 × 参加率 × 面談可能な顧客化率

セールスプロセス

面談 = 面談数 × ニーズ喚起率

プレゼン = プレゼン数 × 合意率

検討 = 検討数 × 合意率

受注 = 受注数 × 完了率

リピート = 受注完了数 × リピート率

[1-4] KPI作成に役立つ各プロセスの量×質

やサービスにもよるが、たとえば、1週間の営業について、現状の数字が次のようなものだとする。

- リスト数、リスト率…………3000件・17％＝アプローチ数へ
- アプローチ数、アプローチ率…500件・2％＝面談数へ
- 面談数、面談率……………10件・60％＝プレゼン数へ
- プレゼン数、プレゼン率………6件・67％＝検討数へ
- 検討数、合意率…………4件・50％＝受注数へ
- 受注数、完了率…………2件・100％
- リピート数、リピート率………受注数のうち、さらに3件に1件

実際はアプローチ・面談・プレゼン・受注などの間に「時差」が発生するが、そういった前提をなくし、シンプルに量だけ追ってみた。しかし、このように具体的な数値に落とし込んでみるだけでも、「逆算」することが可能になるのがわかるだろう。

まず、1件の受注に対しては1週間に500件のアプローチが必要だということが

はっきりする。また、1件のリピーターまで獲得したいなら750件にアプローチしないといけないということだ。

だから現状500件中499件が不成約になっても気に病む必要はない。ただ、そうであるという現実があるだけだ。その上でもしも週1件の受注数を2件にしたいのであれば、そこにいたるまでの数字、たとえば「アプローチ数を2倍にするにはどうすればいいのか?」、あるいは「面談数を2倍にするにはどうすればいいのか?」ということを課題として設定し、仮説と検証のループを回せばいい。

「売上が伸びない、どうしよう」といくら考えても答えは見えないが、こうやって因子を分解してそれぞれの数字を把握すれば、どこがボトルネックになっているか一目瞭然になる。このKPI管理シートを使えば営業経験の浅い若い社員であっても、「多分、ここが課題かな」と気づけるようになる。要はこれらの数字を把握して、初めて自分の営業プロセスを科学的に分析していくことが可能になるのだ。

また、自分がいましていることが最終的なゴールにどうリンクするか可視化されるので、どんな仕事でも張り合いが出る。

これが数字の威力だ。

必要な力④　ＰＤＣＡを回し続ける力

営業におけるＰＤＣＡ

ＰＤＣＡとは、ある目的を達成するときにＰＬＡＮ（計画）、ＤＯ（実行）、ＣＨＥＣＫ（検証）、ＡＤＪＵＳＴ（調整）というフェーズを循環させることで最大効率を実現する思考のフレームワークである。

ここで指摘しておきたい重要なポイントは、ＰＤＣＡにおける計画（＝課題に対する解決策）はすべて仮説だということである。

私は、仮説の重要性を伝える際に、ＰＤＣＡのことを、最初の「ＰＬＡＮ」を「仮説」を意味する“Hypothesis”に置き換えたＨＤＣＡサイクルと呼び、説明することもある。

そしてそのサイクルを回して仮説が定説（もしくはもっとも確率の高い説）になっ

たものが、何度も言うが、営業が増やすべき「型」であり、「勝ちパターン」である。

このように、本書で紹介する営業にフォーカスした「仮説・検証ループ」は、「PDCA」をより実行・理解しやすいように単純化したものである。

PDCAの具体的で詳細なやり方については拙著『鬼速PDCA』（クロスメディア・パブリッシング）に譲るが、本書でも関わりのある「P」＝PLAN（計画）＝仮説の立て方の基本的な考え方をここでも紹介しておく。

次の見開きの図版をまずはざっと見て、自分自身の営業数値や課題などをイメージしながら解説を読んでいただくと、よりわかりやすいと思う。

ステップ① ゴールを定量化する（KGIの設定）

まず、あらゆるPDCAは、たどり着きたいゴールを決めることから始まる。

その際のポイントが3つだけある。

期日を切ること。定量化すること。そして適度に具体的なものにすることだ。

期日が変わるとそれを実現するための戦略も変わるし、危機感が生まれない。

また、ゴールは必ず数字に落とし込む必要がある。期日設定を含めて、定量化した

ステップ① ゴールを定量化する（KGIの設定）

3ヶ月後には月10件、新規開拓案件を成約しよう

↓

ステップ② 現状とのギャップを洗い出す

先月までは平均5件なので、2倍にしないといけない

↓

ステップ③ ギャップを埋める課題を考える

- プレゼン勝負になると勝てない
- スケジューリングがヘタで1日に3件しか回れない
- ヒアリング能力が低い
- 早口になってしまうことが多い
- 第一印象が悪い

↓

ステップ④ 課題を優先度づけして3つに絞る

- プレゼン勝負になると勝てない
- スケジューリングがヘタで1日に3件しか回れない
- ~~ヒアリング能力が低い~~
- ~~早口になってしまうことが多い~~
- 第一印象が悪い

↓

ステップ⑤ 各課題をKPI化する

課題	KPI
プレゼン勝負になると勝てない	プレゼンの勝率30%→50%
スケジューリングがヘタで 1日に3件しか回れない	アポイント1日3件→6件
第一印象が悪い	受付突破率5%→15%

↓

[1-5] 仮説の立て方　営業の事例

ステップ⑥　KPIを達成する解決案を考える

KPI	解決案
プレゼンの勝率 30%→50%	優れたパワポを取り寄せて分析する
	プレゼンがうまい先輩に同行させてもらう
	同僚に擬似プレゼンをしてフィードバックをもらう
アポイント1日3件→6件	業務のムダを見つけ、省く
	後輩に回せる仕事を回す
	タクシーの利用許可を上司に打診する
受付突破率 5%→15%	笑顔を鍛える
	発声トレーニングのセミナーに行く
	営業術の本をたくさん読んでヒントを探す

ステップ⑦　解決案を優先度づけする

- ~~優れたパワポを取り寄せて分析する~~
- ~~プレゼンがうまい先輩に同行させてもらう~~
- 同僚に擬似プレゼンをしてフィードバックをもらう
- ~~業務のムダを見つけ、省く~~
- 後輩に回せる仕事を回す
- タクシーの利用許可を上司に打診する
- 笑顔を鍛える
- 発声トレーニングのセミナーに行く
- 営業術の本をたくさん読んでヒントを探す

ゴールのことを私はＫＧＩ（Key Goal Indicator）と呼んでいる。

営業の仕事の直接的な目標というのは、すでに数値化されている場合が多いはずだ。しかし、なかには「経営者層に認められるレベルの人間になる」といった定性的なゴールもあるかもしれない。そうした定性的な目標であっても、それを数値化し、具体的に把握しやすい状態に置き換える必要がある。先の例でいえば、「経営者と30分以上経済の話ができるようになる」であるとか、「経営者から月に1回以上飲みに誘われる人間になる」であるとか、考え方はいくらでもある。自分なりに数値化することが重要だ。

ゴール設定の3つのポイントの最後である、「適度に具体化すること」については、期日設定と定量化の2つに関わってくることだ。

ゴールは抽象的すぎても、そこに向かうために取るべき選択肢が無数に出てきてしまってうまく考えがまとまらないし、ゴールが具体的すぎても、今度は単純すぎて選択肢が1つ、2つに絞られてしまい、考える価値が低くなる。

具体的に言えば、たとえば営業パーソンが「年間売上高」の数値目標を立てたとしても、そのままＰＤＣＡを回してしまうとあまりに課題が増えすぎてしまい、施策が中途半端になりかねないし、検証も甘くなる。よって四半期ベースや月次ベースに分解することが基本になるわけだが、それでも粒度はかなり粗い。

それをさらに分解していくには、「売上高」を構成する因子を考える必要がある。といっても何も難しい話ではない。売上といっても、新規顧客数を増やすのか既存顧客の単価を上げるのかで、方法は分かれるはずだ。現時点の売上構成を眺めていれば、どちらが最短ルートなのかくらいの仮説は立てられるだろう。

そこで新規開拓を増やすことがもっとも効果があると判断したら、実際に扱うPDCAのゴールは「月の新規開拓数10件」くらいまで具体的にしたほうがいいということだ。

ステップ② 現状とのギャップを洗い出す

ゴールが決まったら、次は現状とのギャップを確認する。

ここでさっそく威力を発揮するのが先ほど行ったゴールの定量化である。現状についても同じ基準で定量化することによって、ギャップは明確なものになる。

たとえば、ある営業パーソンが新規開拓で月平均5件であるものを、自発的に、2

倍の10件に増やしたいと思ったとする。
このときの定量的なギャップは「5件増」である。

ステップ③ ギャップを埋める課題を考える

ゴールと現状のギャップが見えたら、そのギャップを埋めるための課題を考える。

個人レベルでPDCAを回す場合は次のような問いを自分に投げかけながら、頭に思いつくことを紙やホワイトボードに書き出してみることをおすすめする。

- 「ゴールから逆算すると、自分は何をすべきなのか？」
- 「この道を進むとしたら、何が不足しているのか？」
- 「前進を加速するために、伸ばせる長所はないか？」
- 「あらかじめ手を打っておくべきリスクはないか？」
- 「周りでうまくいっている人は、どんな工夫をしているか？」

チーム単位で動いているのであれば、全員で知恵を出し合って思いつく課題をポストイットなどに書いて壁にどんどん貼りつけていくといいだろう。

ステップ④ 課題を優先度づけして３つに絞る

ゴール設定にもよるが、一般的に課題をリストアップするとかなりの数になるはずである。しかし、人はタスクを同時に抱えすぎるとフォーカスポイントが曖昧になって成果が思うように出せなくなる。

よって重要なのは適宜、選択肢をふるいにかけ、「やらないこと」を決めると同時に、「やること」について優先度づけを行うことである。

目安として、上位３つを決めておくといいだろう。

優先度づけについては、前掲書では厳密にその基準を定めていたが、直感で決めてしまうのも一つの手ではある。こうした場合の優先度は、人間はあまり間違わないものだし、間違っていたとしたらまた次のＰＤＣＡサイクルで改善すればいい。

ステップ⑤ 各課題をＫＰＩ化する

課題が絞り込まれたら、次はそれらの課題を数値化していく。

みなさんご存知のKPI（Key Performance Indicator）、つまり結果目標である。PDCAを回す上で最終的なゴールにどれだけ近づいているか、客観的に進捗状況を把握するためのものであり、ゴールに近づくための「サブゴール」のことだと思えばいい。

ある課題をKPI化しようとすると、たいていの場合、複数の選択肢が考えられる。すべてのKPIを追う必要はないので、この時点で各課題のKPIを1つに絞るといい。つまり、3つの課題からは3つのKPIが決まることになる。

ステップ⑥ KPIを達成する解決案を考える

KPIを決めたら、その数値を達成するための解決案を考えなければならない。

解決案とは「KPIを達成するための行動の、大まかな方向性」のことだと考えてもらえばいい。ここで考えた解決案は、このあとPDCAの「D」に移る際、一段具体的なアクション（DO）へと分解され、さらに具体的なタスク（TODO）に落とし込まれていく。

解決案を書き出すときはKPIごとに分けて書く必要はないが、最終的には1つの

KPIにつき、最低1つは案を考えるべきである。

ステップ⑦ 解決案を優先度づけする

最初はたった1つのゴールから始まったこの計画フェーズも、ここまでくると複数の解決案が紙に並ぶ状態になる。

ここに残った解決案は少なくとも「やったほうがいいもの」以上のものであるはずなので、理想はすべて実行に移すことであるが、すべてを抱えて中途半端に終わりそうなら、ステップ④と同じように優先度をつけていく。

PDCAを継続することの難しさ

PDCAでもっとも難しいことは、仮説を立てるPLANでも、計画をやり遂げるDOでも、検証や調整をするCHECKやADJUSTでもなく、PDCAサイクル自体を続けることである。

『鬼速PDCA』の読者から頂戴したたくさんのフィードバックやコメントを読んでも、内容自体に多くのポジティブな声をいただいた一方で、「継続することが難しい」

という声も少なくなかった。

ＰＤＣＡを習慣づけるコツは実はシンプルで、同時に多くのＰＤＣＡサイクルを回さないこと、そしていきなり大きな課題に取り組まないことだ。

営業が最終的に回すべきＰＤＣＡの対象は多岐にわたる。

それは雑談力かもしれないし、顧客リストの質を上げることかもしれないし、見栄えのいいパワポの資料をつくる能力かもしれない。

営業成果につながる課題は、すべてＰＤＣＡの対象になりうる。

不確実要素の多い営業では、せめてコントロールできることはコントロールしていかなければ圧倒的な成果は出せないので、私も考えられる限りのＰＤＣＡを回した。

しかし、ＰＤＣＡは車の運転のようにどうしても慣れが必要で、不慣れな人が手当たり次第に課題に着手しても、1、2回サイクルを回したら管理が行き届かなくなる。

はっきり言って、それではやる意味がない。

慣れるまでは本当に優先順位の高いものだけを選んで、集中的に回すことだ。

そのとき課題が大きいままだと膨大な数の因子を取り扱わないといけなくなるので、程よい大きさまで課題をブレイクダウンし、それを重点的に改善していけばいいのだ。

第2章

マーケティングプロセス

①リスト選定・顧客の絞り込み

改善ポイントとフロー

努力を重ねているのに営業成績が伸び悩んでいるなら、顧客リストを見直してみるいい機会である。

顧客リストが会社から渡される、もしくはルート営業で営業先が決まっているという場合を除き、リスト選定ほどＰＤＣＡを回したときの成果が直接的な数字に表れるプロセスはない。

顧客リストづくりは、たとえるなら採用活動の1次選考に似ていて、もしそこで本気で入社したがっている候補者に絞り込むことができれば、後工程でのミスマッチが起きる確率が下がり、採用率が上がるはずだ。

逆に、深く考えずに候補者を選んでいては（たとえば大学名しか見ないなど）、売り手市場の現在、企業は入社のモチベーションを上げるような施策を打たないといけないので、面接の日程調整や実際の面接など、後工程でかかる手間は増えるばかりだ。手間がかかって採用率も低いのであれば、全体の生産性は著しく低くなる。

このように、採用活動のたとえにすると誰しもが「それはそうだよね」と思うだろう。

しかし、営業の現場で顧客リストのPDCAが回せているケースはそう多くないと感じる。もちろんビッグデータを活用して科学的に分析を試みるような先駆的な企業もあるが、決し

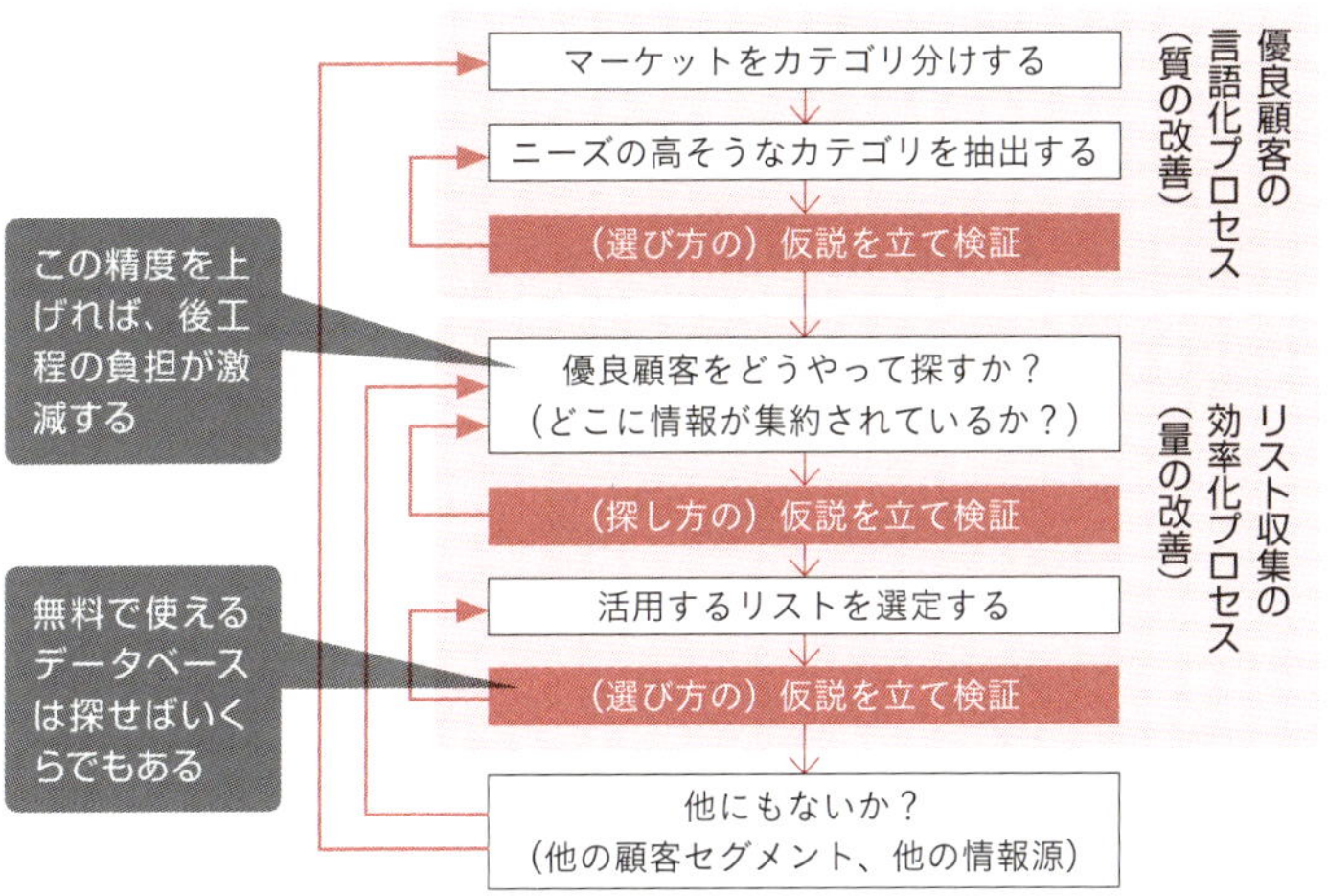

[2-1] リスト選定の改善ポイントとフロー

て主流ではない。

その理由としては、「いい顧客」が明確に言語化されていないからか、（リストを買うことが常態化していて）リストの質を改善するノウハウが不足しているからのどちらかだろう。

「予算があって、購入のモチベーションが高くて、継続的に付き合ってくれる『いい顧客』を増やしたい」

これはどんな営業でも考えることだ。

でも、「いい顧客」とはどんな顧客セグメントで、どんな共通点を抱えているのかといった因数分解をしっかりしないと、取るべきアクションがわからないし、リストの改善もできない。

だから営業にとってのファーストステップは、マーケットを徹底的にカテゴリ分けしてみることだ。単に業種で分けるだけでも効果はあるだろうが、売上、会社の規模、株主構成など、さらに細かいカテゴリ分けをすることが理想だ。

次のステップはそのカテゴリを見渡して、ニーズの高そうな（扱う商品・サービスとの因果関係が強そうな）カテゴリを抽出すること。過去の取引データでその規則性が見えれば話が早いが、それがないなら仮説ベースで試験的にリストをつくって、数値改善が見られるか検証してみればいい。

もしそれで改善したら、それは「いい顧客」が言語化できたということだ。

次のステップはリスト収集。「いい顧客」の条件を満たす顧客をどう探すかを考える。この段階でリスト業者に細かい条件を指定して有料のリストを買うのも手だが、言語化できているならネット上のデータベースを使うなどして自分でもいくらでも情報収集はできる。

そうやって情報源が複数見えてきたら、実際にどのリストを使うか考える。たとえば企業の登記簿謄本を法務局で入手するというアイデアがあったとしても、やはり手間がかかるし、一社ずつの情報になってしまうので、かかる時間、コスト、労力、売りたい商品・サービスなどを総合的に加味して、リストを絞る必要があるだろう。

そして最後は、ここも重要な点だが、「もっといいリストはないか」と問い続けることだ。リストには限りがあると感じている人もいるかもしれないが、このように仮説を使えばリストの質も量もいくらでも改善できるのである。

最重要顧客のペルソナから逆算

ここで私が前職時代に行っていた、「資産管理会社」のリスト選定のやり方を紹介したいと思う。

資産管理会社に用事がない読者も多いだろうが、ここでのポイントは、リスト選定時における思考プロセスの順番だ。

つまり、「世の中にどんなリストがあるのだろう」ではなく、「想定ターゲットはどんな属性の人たちなんだろう」という着眼点から始めること。想定ターゲットの特徴を分解し、そこから仮説を立て、方法（この場合はリストのつくり方）を探り、検証し、精度を上げていくことがキモとなる。

このようにゴールから逆算する思考プロセスは、仮説営業の基本姿勢である。

ここから紹介する思考のプロセスを追いながら、「自分が売る商品の場合だったら、どうリストをつくればいいだろう？」と考えてみて欲しい。

新人の頃の私は支店の営業のほとんどがルート営業に励んでいるなか、あえてオーナー経営者に絞って新規開拓をしていた。

なぜなら、オーナー経営者は金融資産が1億円を超える富裕層である確率が高い属性であり、資産運用のニーズも原資も十分あると思ったし、彼らを取り込めば保有する法人の金融ニーズも取り込める。また、ビジネスで成功している人たちなので購買までの決断が早いのも魅力である。加えて、事業承継や資産承継における相続資金の確保などコンサルティングニーズが極めて高い人たちだ。

そういうポジションの人たちなので当然、攻略のハードルは高い。

しかし、短期間でトップセールスになるためには何事も最大効率を追い求める必要があり、どうせ時間をかけて営業をかけるならオーナー経営者しかないと思い、私なりに至った結論だった。

そのためには、オーナー経営者を自ら探し出さないと話が進まない。

通常、飛び込みやテレアポでは、名簿業者から仕入れた見込み客リストなどを使ってアプローチをかける。

しかし、オーナー経営者のリストとなると帝国データバンクなどのデータではかなりの社数が出てきてしまうし、どこの企業でも使うものであるので差別化が図れない。トップセールスを目指すなら、リストも自分なりに生み出さないといけないと私は感じていた。

そこで最初に行ったことは、自分が開拓したい最重要顧客のペルソナをひたすら考えることだった。

オーナー経営者含め優良対象先になることが多い富裕層の主だった特徴（因子）をメモ帳に書き出してみて、そこに何かしらのヒントはないかひたすら考えてみたのだ。

入社1年目のときに書き出したメモには次のようなことが書かれていた。

- 70歳以上のオーナー経営者
- 40歳以下の起業家
- 昔の有価証券報告書に記載されている常務以上（高額の退職金）
- 昔の高額納税者リストに記載されている人
- ネットで株の話をしている有名人
- IPOした（またはする予定の）企業の役員以上

◉資産管理会社保有者
◉医療法人のオーナー
◉不動産経営者

こうやって書き進めていくときに目に止まったのが、資産管理会社の存在だった。

資産管理会社とは、富裕層が不動産や株式などの資産を管理したり、税制対策をするために立ち上げる会社の総称である。富裕層が全員資産管理会社を持っているわけではないが、資産管理会社を持っている人はかなりの確率で富裕層だ。

しかも、周りの先輩で資産管理会社を重点的に攻めている人はいない。

もし資産管理会社のリストをつくることができれば、効率的に富裕層にアプローチできると思った。

「では資産管理会社のリストはどうやってつくることができるのか？」

そう自問した結果、私が目をつけたのは会社で使えた帝国データバンクや日経テレコンのデータベースだった。検索条件を工夫すれば資産管理会社だけ抽出できると思ったのだ。

何回かのトライアンドエラーの結果、検索条件を絞り込むことができた。

◉従業員………5名未満
◉売上…………5000万円以上
◉営業科目……貸事務所業または貸家業またはその他投資業

帝国データバンクなどの企業情報データベースに、この条件を入力して検索ボタンを押せば、資産管理会社（の可能性が限りなく高い企業）がズラッと一覧で出てくる。さらに検索条件を足せば地域を絞り込むこともできる。

似たような例としては、先ほどリストアップした項目のなかに含まれていた不動産オーナーを開拓したときの話もある。

なぜ不動産オーナーを開拓したかといえば、「不動産経営者はきっと資産運用に積極的だろう」という仮説を立てたからだ。

この仮説は、次のように導かれた。

「どのような先が資産運用に関心が高いか？」
←
「資産運用をしている先は資産運用に関心が高い」
←
「資産運用していることが確実にわかる先はないのか？」
←
「資産運用を広義にすると不動産売買なども資産運用と言える」
←
「不動産売買を確実にやっている先は、当然、不動産会社じゃないか」

このようにして考えを深掘りし、仮説を立てていくと、これまでとはまったく違った切り口でリストを選定することができる。すると、商品やサービスを売る先はこの世界にいくらでもあると感じるだろう。

さて、それではどうやったら効率よく不動産経営者のリストがつくれるか。

自分が不動産経営者になったつもりで、どんな場所なら自社の企業情報を掲載するかいろいろ思案していくと、思いついたのが不動産関連の協会だった。

早速、それっぽい協会のホームページを見つけて確認してみたら、加盟企業がご丁寧に連絡先までついて一覧表示されていた。たとえば、「不動産流通経営協会」は会員リストが見られる状態になっており、そこには、法人名・代表者名・住所・電話番号が一覧になっている（https://www.frk.or.jp/about/member-list/list-kaiin.html）。

結局、こういった複数のリストの一覧だけでかなりの数の新規開拓につなげることができた。

成長している企業の見つけ方

重要顧客の共通点という話で言えば、成長の只中にいる企業を早い段階で見つけて、関係を構築しておくことも重要だ。

では実際に成長している企業をどうやったら見つけられるのか。

これもやはり仮説を使って、伸びている企業の特徴を洗い出していけばいいだけの話である。

ざっと思いつくだけでも次のような共通点が挙げられる。

- 新卒採用を10人以上している中小企業。新卒を採っても入社するのは1年半も先の話だ。中小企業の場合は、ある程度、売上に自信がないとできることではない
- 日経新聞に広告を打っている中小企業。日経は、特に広告単価が高いため
- 売上伸び率ランキングをネット検索する。東洋経済新報社などが発表している
- 「本社移転」でネット検索（グーグルだと検索オプションで1ヶ月以内のコンテンツに絞ることができる）。ただし、縮小の可能性もあるのでその見極めも必要
- リクナビなど比較的高額な求人募集サイトに出広している企業。特に特集記事で取り上げられていたら、さらに高額な広告費を出しているはずで、本気でスケールしたがっていることがわかる

◉億単位の資金調達を発表した企業をIT系のメディアなどの情報で追う、または期間を区切って「資金調達」とネットで検索する
◉M&Aを積極的に行っている企業。M&A情報サイトなどを追う、または期間を区切って「買収」「M&A」「株式取得」などのキーワードをネットで検索する

いずれも仮説から導き出せる。「どのような先が成長している企業か？」「成長している企業の共通点はないか？」という問いが無限の仮説を生み出すことになるのだ。

要は、ここでもペルソナからの逆算で、「成長過程にある企業は従業員を増やすし、オフィスも拡張するし、広告も積極的に出す」と特徴をリストアップしてみれば上記のような検索手段は無限に出てくる。

スクリーニング条件＝ターゲット顧客の共通点

先ほどの資産管理会社の検索条件のように、データベースを見つけることと同じくらい重要なことがスクリーニング条件の設定だ。

それはすなわちターゲット顧客の共通点探しでもある。「自分のターゲット顧客はどのような属性を持っているのか」。そこを深掘りすればするほどリストの質は向上するのに、多くの営業パーソンはそこを曖昧にしたまま営業活動に励んでいる気がする。

スクリーニングをかけるときの因子は膨大にあるが、法人であれば主に次のようなものがある。

・所在地　・業種　・従業員数　・設立年月日　・資本金
・売上　・利益　・販売先　・仕入先　・取引銀行
・株主　・経営者の生年月日　・経営者の自宅住所　・経営者の趣味

企業によって取得できるデータに多少の差はあるものの、このような企業情報は帝国データバンクや東京商工リサーチ、会社四季報などのデータベース（会社四季報の未上場版は２０１５年にサービス終了済みだが、昔のリストは購入可能）を使えば入手できる。

こうした因子のなかで、自分が売り込みたい企業の共通点がないか探っていくのだ。たとえば、税理士や複合機や電話機の営業が企業に営業をかけるのであれば、設立1年未満のできたてホヤホヤの会社を重点的に攻めるといいかもしれない。ということは設立年月日が大事なスクリーニング条件の一つになる。

もし、労務や人事のコンサルティングを行う会社の営業であれば、設立年数と従業員数の組み合わせが大事な因子になるだろう。たとえば、「設立5年以内」で「従業員50人以上」の会社だと、急成長していると想像できるので、労務や人事の基盤を整備するニーズが高そうだという仮説が立てられる。

これがB to Cの営業であれば、年齢・性別・年収・金融資産・職業・家族構成・居住エリアなどが主な因子になる。

その因子は具体的であればあるほど精度は高まるが、同時にその情報をどうやって入手できるのかという課題もあるので、そこはバランスを取らないといけない。

また、銀行や證券の金融営業のように提供するサービスの幅が広い場合は、サービスごとに最適なターゲットも異なる。だから多少手間がかかっても、サービスごと、ターゲットごとにベストなスクリーニング条件を探すようにしていた。

一例を挙げる。

法人本体での資産運用のプレゼンをするときは、売上の大きな企業をスクリーニングして他の会社と競合するより、社歴の長い中小企業を重点的に当たった方が成約率が高いのではと仮説を立てた。

たとえば設立5年、売上50億円、利益5億円のA社と、設立30年、売上10億円、利益1億円のB社があったとしたら、私はB社を選んだ。

確かに売上が大きい会社は一見資金が豊富に見えるが、設立30年も経ってなお1億の利益を出せている企業ならきっと経営も安定しているし、内部留保が貯まっていて資産運用ニーズがより高いはずだと考えたのだ。また、設立5年でこれだけ急成長しているのであれば、将来の事業成長にお金を投資した方がいいと判断されることが多いのではとも考えた。

検証した結果、この仮説はかなり使えることに気づき、「設立30年以上」という検索条件はその後も多用することになった。

ちなみに日経テレコンと契約すれば帝国データバンクと東京商工リサーチの両データベースにアクセスできる（個人でも契約可）。

帝国データバンク単体だと、ウェブから登録すれば1社あたり490円で、企業の簡易情報が見られるようになっている（https://www.tdb.co.jp/service/u/1000.jsp）。また、東京商工リサーチもオンラインで月額3000円の安価なサービスを始めている（http://www.tsr-net.co.jp/service/product/tsr_van2/price/index.html）。

扱う商品・サービス次第ではあるが、もし自分の会社がこうしたデータベースの契約をしていなかったとしても、営業が個人で契約して利用する価値は十分あると思っている。

無料で入手できるリストはいくらでもある

日経テレコンは有料だが、業界団体のホームページのように、わざわざリストを買わなくても使える情報は世の中にいくらでもある。

この発想自体、営業1年目で立てていた仮説だ。

たとえば、ウェブ版の電話帳である i タウンページ。

ｉタウンページを使えば、地域について○丁目レベルまで絞れるし、キーワード検索機能があるので特定の業種を絞ることもできる。

試しに私が担当していた杉並区で「不動産 賃貸」というキーワードを入れると48件出てきた。そこから大手を除いていけば5分もかからずにリストがつくれる。地元で不動産賃貸をしている企業のなかには、地主がある一定割合いるので、このようなリストは富裕層である確率が高く、また相続対策のニーズがある地主をあぶり出す貴重な手法になりえる。

さらにホームページへのリンクも貼ってあるので、創業年や売上規模、従業員数のような、あとあと必要になるニーズの仮説構築のための情報収集がスムーズにいく。

現在では、ｉタウンページの情報は、それをベースにリスト選定を代行する会社も存在するくらい有益なデータベースになっている。

また、医療法人のオーナーを探すために私は保健所も使っていた。

保健所に行けばその地域の医療法人のリストを無料または有料で取得できるところがある（ネットに掲載されているケースもある）。電話帳や日経テレコン、業界団体のホームページなどはすべての該当企業を網羅するわけではないが、行政が絡んでくると、情報を取得できるところであれば、開示率は100%だ。

ちなみに保健所では飲食店のリストも入手できる。飲食店情報を掲載して収益を上げるようなサービスは、実際に保健所から最新のデータを入手して営業をかけている。

このように少し頭を使えば自分で情報を集めなくてもそのまま使えるデータベースはいくらでもある。

それに日経テレコンも、スクリーニング条件に合致する企業の社名だけは、無料で知ることができるということも付け加えておく。

見落としている因子はないか？

いくら顧客の共通点を思案しても、見落としや思い込みは発生する。

たとえば「レッドオーシャンを避けて、ブルーオーシャンを狙う」というのがマーケティングの定石であり、それを顧客リストのスクリーニング条件に含むことが多いと思うが、それはどんなケースにも当てはまるわけではない。

私はそのことを営業の現場で身を持って体験した。

私が営業をしていた東京都杉並区ではさまざまな証券会社がしのぎを削っていた。

なかでも最大のライバルは日興コーディアル証券（現：SMBC日興証券）で、私が配属されていた荻窪支店の周辺には日興コーディアル証券の支店はなかったが、JR荻窪駅から3キロほど南にある東急井の頭線浜田山駅の目の前に支店を構えていた。

そのため同僚のなかには「浜田山周辺は日興コーディアル証券の牙城だから避ける」という不文律のようなものがあった。野村證券ですらそうだったのだから、他の証券会社の営業もきっとそう思っていた人が多いだろう。

私はというと、最初から負けを認めるのが嫌いな性格なのもあって、分け隔てなく浜田山周辺も開拓をしていた。

そんなある日、自分の営業実績を数字で追っていたら、浜田山エリアの受付突破率が少し高いことに気づいた。

さらに住所を細かく見てみると、浜田山2丁目と3丁目の成績が特にいい。

それはまさに日興コーディアル証券浜田山支店の半径1キロ圏内だった。


なぜここだけ反応がいいのか？

顧客の反応を思い出しながら至った仮説は、「日興コーディアル証券の営業が何年もかけて開拓してくれたおかげで、証券会社との取引に抵抗がない顧客が多いからではないか」というものだった。この仮説はその後、浜田山を重点的に攻める過程で顧客から直接ヒアリングをして立証することができた。

「顧客にすでに理解があるか否か」という因子（スクリーニング条件）があることに気づいた瞬間で、当時は大きな盲点に気づかされたような感覚だった。

実際、金融商品の営業の難しさは、金融リテラシーのばらつきが大きいことにある。普段、証券会社を使っていない顧客に対していきなり金融商品を紹介しても、拒絶されるだけなので、「なぜ証券会社を使う必要があるのか」という存在意義を啓蒙するレベルから始めないといけない。

それを理解してもらうまでに時間がかかるし、そこに至る前に断られやすいのだ。

でも、もしも他の証券会社を使っていれば商品知識があるし、需要もある。だから話が早い。

その上、私たちが扱っている商品・サービスは電話機や複合機、インターネットのプロバイダーのように1社としか契約しない類のものではないので、証券会社は複数付き合っても問題はないし、仮に複数の会社とは付き合いたくないという顧客であっても、株式・債券・投資信託は常に価値が変動するし、担当者も転勤などで変わることが多いので、必ずと言っていいほど現状に不満を持つ時期がくる。

このパターンを掴んでから、同じく日興コーディアル証券の支店がある京王線千歳烏山駅周辺を重点的に攻めてみたら、やはりうまく行った。

次に攻めたのはＪＲ吉祥寺駅周辺。ここは野村證券を含む主要な証券会社が支店を構えるまさにレッドオーシャンだったが、結果的にこのエリアだけでも相当数の顧客を開拓できた。

もちろん、レッドオーシャンで結果を出すことは誰でもできるわけではない。もし私が人情型営業スタイルだったらそれを得意とする営業はいくらでもいるし、プレゼン上手だったとしても私以上の人もたくさんいるだろう。

そこで結果を残せたのは、やはり相手に応じて変幻自在に最適化できる仮説営業スタイルを実践する営業パーソンが圧倒的に少なかったからだと思っている。

でも、仮説営業を行えば、序章で触れた「山の5合目から登る」話のようにトントトン拍子で話がまとまりやすい。

そういう意味では、本書で推奨する営業スタイルを身につければ、どんな市場でもどんな商品・サービスでもブルーオーシャンになると言えるのかもしれない。

リストの質を効率よく上げる方法

リストづくりのいいアイデアを思いついたからといって、いきなり完全なリストをつくろうとするのは効率的ではない。

検証を経て、その精度を確かめるまで仮説はあくまでも仮説だということを忘れてはいけない。

エリック・リースの『リーン・スタートアップ』（日経ＢＰ社）で提案しているＭＶＰ（Minimum Viable Product＝評価可能な最小のプロダクト）のように、肝心なことは仮説を立てたらまずは小さく試すことだ。いきなり３０００社分のリストをつくって効果が出ないことに気づくことほど時間のロスとモチベーションの低下を生むものはない。

そのようなリスクを避けるためにも、とりあえず効果が定量的に検証できると思われる最小単位（たとえば100社分）のリストをつくって、実戦投入してみるといいだろう。

私はいつもそうしていたし、いまの自分の会社でもそうさせている。

そこで受付突破率なりメール返信率などの主要KPIがスクリーニング前と比べて明らかに跳ね上がるようであれば、残りの2900社分を集め、そしてアプローチをかければいい。

②情報収集とニーズの仮説構築

改善ポイントとフロー

顧客リストが目の前にあったら、気合いを入れてアプローチをかけるのが一般的な営業の姿かもしれない。それがもっとも効率的な商品・サービスもあるだろうから否定はしないし、金融営業の世界でも「数打ちゃ当たる方式」の営業もたくさんいる。

でも私の場合は、実際にコンタクトを取る前に情報収集とニーズの仮説構築という一手間をかけるようにしていた。第1章でも触れたように、会う前から「答えらしきもの」を用意する、これが仮説営業の真髄である。

なお、本書では便宜的にこの段階で情報収集とニーズの仮説構築のプロセスを分解して詳しく説明するが、実際は営業の各プロセスで随時行う。

それぞれ主目的は以下のように微妙に異なる。

- アポ率を上げるための情報収集とニーズ仮説構築（アプローチの前）
- ヒアリングの質を高めるための情報収集とニーズ仮説構築（アポの前）
- よい提案をつくるための情報収集とニーズ仮説構築（プレゼンの前）

厳密に言えば、先ほどのリスト選定の段階でもニーズの仮説を立てているが、「情報収集とセットになったニーズの仮説構築」を本格的に行うのは、アプローチ前からである。

目的は微妙に違っても、やるべきことは同じだ。いかに効率よく外部情報を集めるか、（アプローチ後は）いかに顧客から話を引き出せるか、そして何より、いかに精度の高い仮説を立てるかというPDCAを絶えず回し続けていけば、パターンは自ずと増えて、各プロセスでかかる負担が軽減されていく。

情報収集をして、その情報をもとに相手のニーズの仮説を事前に立てるメリットは次の2つである。

◉「こいつ、わかっているな」と信用されやすくなる
◉ヒアリングの手間が軽減でき、課題にいち早く到達できる

いずれも営業にとって大きなアドバンテージとなる。

このような話を営業職についている方にすると「私たちにそんな暇はない」とバッサリ切り捨てられてしまうことがある。おそらく情報収集にしてもニーズの仮説構築にしても、最適化を図る行為は時間がかかるものだという思い込みがあるからだろう。

確かに慣れないうちは時間がかかるかもしれないが、習慣化して自分なりの型を増

やしていけばスピードは上げられるし、情報収集にしても適切なツールを使いこなせば迅速化は図れる。

つまり、量を担保しつつ、質を同時に上げることは可能だということだ。

また、「仮説をぶつけて間違えたら雰囲気が悪くならないか」と心配する人もいる。

確かにまったく的外れな仮説をぶつけたら相手も不快な思いをするだけなので、当てずっぽうの仮説なら相手に投げない方がいい。とはいえ、ありとあらゆることを顧客からすべて直接聞き出す必要があるかといったら、それも極端な話だ。

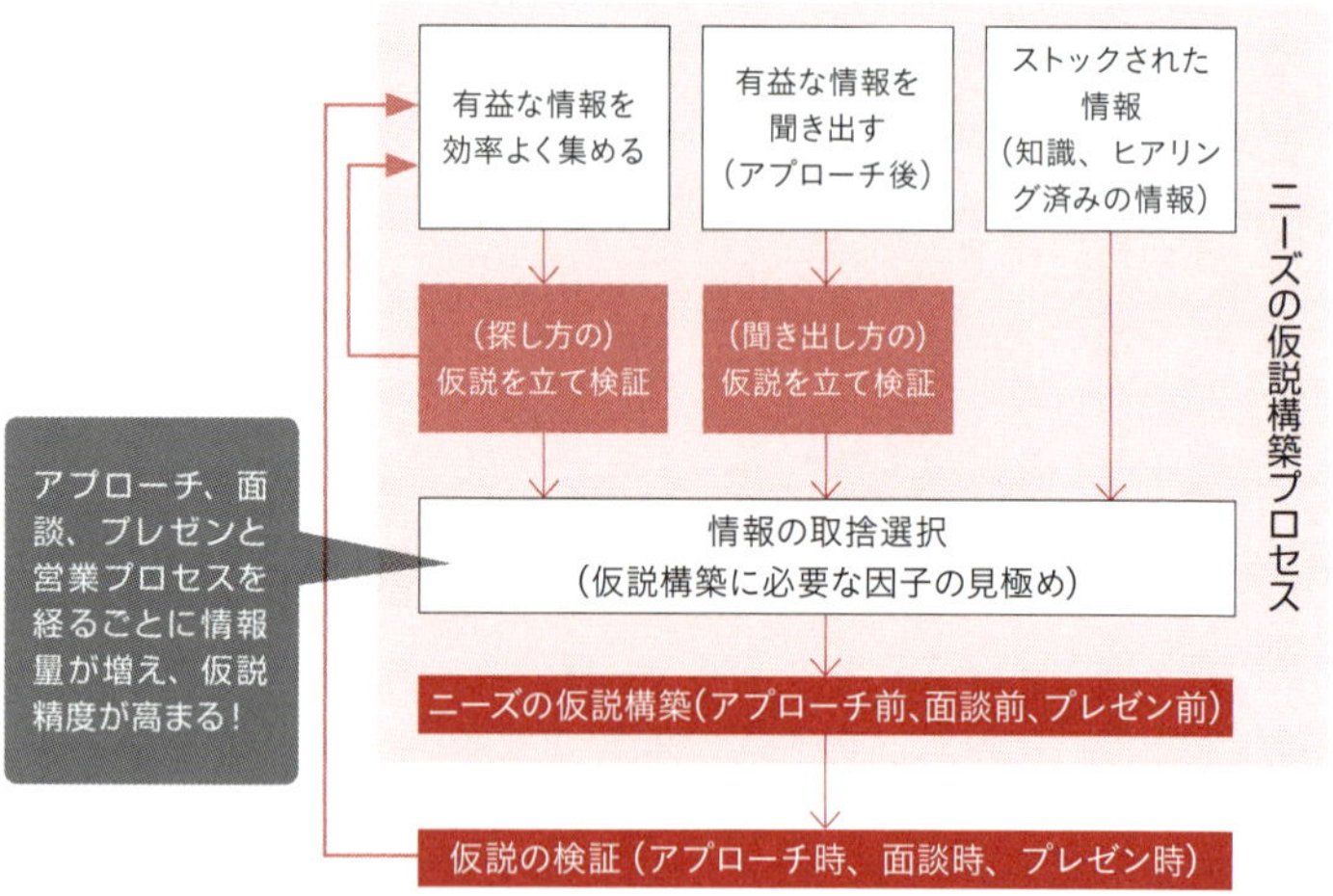

［2-2］情報収集とニーズの仮説構築の改善ポイントとフロー

ここで改めて強調したいのは、山を1合目から登るか、5合目から登るかで山頂に到達する「確率」も「速度」も変わるという話だ。

世の中がどんどん便利になっているいまの時代、1合目から登ろうとする典型的な営業スタイルだと、ヘタをすればマイナススタートになる可能性もある。

5合目から登るのには、業界の勉強をしたり、過去の案件を調べたりするインプットが欠かせない。そうやって日々、仮説の引き出しを増やし、精度を高めていけば、たとえ仮説が少し間違えていても顧客としては悪い気はしないし、むしろ「こいつなら話が早い」と思って、細かい話までしてくれるケースが多い。

それに1合目から登るといっても、顧客が自分のニーズを言語化できているとは限らない。ということはある程度、営業サイドで適切な質問を考えながら思考を誘導しないといけないわけで、そのためにも仮説は必要だ。

ファーストコンタクトで自分のことを「ただの営業」だと思われるか「使えそうな営業」だと思ってもらえるかで、天と地の差が生まれることをもっと意識すべきだと思うのだ。

情報収集をしないのはマナー違反

私が営業を始めた10年前は、まだスマホが存在していなかったが、いまではシニアの経営者であっても、タブレットでアプリやウェブを使いこなすことが当たり前の時代になった。

それだからか、基本的な会社情報すら調べてこない営業に遭遇すると、苛立ちまではいかなくても、もどかしさや物足りなさを感じる人が増えたと思う。

先日もある営業パーソンが私のところにやって来た。

いい提案があるというので、15分だけ時間を割いたのはいいが、「社員は何人いらっしゃいますか」とか「設立されたのはいつですか」といった質問を矢継ぎ早にしてくる。

過去のインタビュー記事や雑誌での連載記事を全部読んでこいとは言わないが（私なら読むが）、せめて企業概要に出ている情報くらいは調べてきてほしいと思うのは私だけではないだろう。

10秒もかからないわけだから、エレベーターに乗っている間に調べられるはずだ。それをしないのは、もはやビジネスマナーに違反していると言っていい時代に突入したと思うのだ。

それに本人としてはヒアリングをしているつもりだろうが、そんな基本的な情報すら把握していないで、どこまで提案の質を高められるのか疑問が残る。

もし、その結果が画一的な提案であれば、少なくとも私の考えではそれは営業というより、宣伝だ。もちろん、宣伝が悪いという意味ではない。もし宣伝したいならDMやネットを使った、より効果的なマーケティング手法がいくらでもあるということである。

もし提案に来るのであれば、ネットで検索できる情報を把握した上で、いきなり仮説をぶつけてほしい。たとえば人事系コンサルの営業なら次のような感じだ。

「御社と社長ご自身のことについて勝手ながら調べさせていただいたんですが、社長のご経歴を拝見すると、さぞかしリーダーシップがおありなのだと思いました。会社の立ち上げ段階ではきっと社長自ら社員の皆さんの士気を上げていたのだろうと思いますが、ここ数年で社員数が急増されているので、もしかしたら『どのように組織化を進めるか？』と日々お考えの中で、なかなか歯がゆいところが出てきているのかなと思いまして……」

いきなりこう切り出されたら、私も「おっ」と思う。

しっかり下調べしたことに誠意を感じるだけではなく、課題を把握しているからいい提案がもらえそうな期待感が湧いてくる。さらにその指摘が核心を突いているなら、時間をあと15分延ばしてもいいと思うかもしれない。

ニーズの仮説構築に役立つ情報源

私が現役時代に活用していた主な情報源をリスト化してみた（【　】内はそこで得られる主な情報の内容である）。

①企業ホームページ、業界団体ホームページ

【会社概要、製品・サービス、ニュース、ＩＲ情報、組織図、経営理念、沿革、代表挨拶など】

企業ホームページは情報の宝庫だ。テレアポでは最重要顧客の場合のみチェックし、アポが取れたらすべての企業のホームページを必ず見るようにしていた。

特にオーナー系企業は経営理念や会社のビジョン、代表挨拶に経営者の個性が色濃く出るのでアイスブレイクのネタとして積極的に使っていた。

②ブログ・SNS

【ターゲットのいま、交友関係、性格、思想、夢など】

当時、ブログやSNSはいまほど一般的ではなかったが、最重要顧客の場合は念のためにアカウントがあるか調べて、もしあればアポの前に目を通していた。ブログやSNSはその人の趣味や性格などがわかるので、どんなネタ振りが刺さりそうかという仮説を立てるときの参考にしていたし、共通の知人と交友関係があることがわかれば紹介してもらうこともあった。

いまの私が現役で営業を続けていたら、ツイッター、フェイスブック、リンクトイン、（若手経営者なら）インスタグラムなどを情報源として重用するのは間違いない。

③ 講演、インタビュー記事、書籍

【ターゲットの過去、性格、思想、夢など】

著名な経営者であればさまざまな媒体で過去の講演やインタビューを読める。年配の経営者であれば過去の武勇伝を褒め、若い経営者であれば目指している夢について話を振ると喜ばれる可能性が高い。

④ 企業情報データベース

【業績、取引先、株主リスト、記念日など】

日経テレコン、帝国データバンク、東京商工リサーチ、会社四季報などのこと。

私は自称「帝国データバンクマニア」でテレアポの段階から使っていた。日々、数十社の帝国データバンクのデータを眺めていた。

また本当に重要な顧客の場合は、1社ごとの追加料金を支払うことで閲覧できる帝国データバンクの、通称「詳細帝バン」を使っていた。バージョンにもよるが、これだと設立の経緯や実際の決算書など、通常の企業情報の30倍近い情報が得られるので、相手の抱える課題のあたりがつかないことはまずなかった。

参考に、帝国データバンクで見られるデータのサンプルを下に掲載する。

⑤ 登記簿謄本

【役員の自宅住所、ビジネス領域など】

法人や不動産の登記簿謄本は法務局に行けば誰でも取得できる（オンラインでの取得申請も可）。法人の登記であれば役員の自宅が記載されているので、なかなか会えない顧客はそれを使って自宅に直接営業することもあった。

⑥ 業界地図

【業界ランキング（競合）、市場規模、

ＴＤＢ会社情報サンプル　　Copyright (c)2010 TEIKOKU DATABANK, LTD.

取扱注意　取引ＩＤ 999999999999999999　承認番号9999999　2010. 04. 12

企業概要			
企業コード	989999956		上場
商　号 (フリガナ)	帝国テクノツール株式会社 （テイコクテクノツール）		
所在地	〒104-0041　東京都中央区新富１－ １２－ ２　帝国ビル		
電話番号	03-3206-2585		
資本金	400,000千円	従業員	167名
主　業	35441　機械工具製造業（粉末や金業を除く）	創　業	昭和6年9月
従　業	35431　金属工作機械用・金属加工機械用部分品・付属品製造業	設　立	昭和12年4月
得意先	ダイヤモンド工業, 青山自動車, フライス製作所		
系　列	サンワ		

代表者	
氏　名	志水　和正（シミズ　カズマサ）

業績2期			
決算期	売上高（百万円）	利益（千円）	自己資本
平成21年3月	4,584	40,013	43%
平成20年3月	4,450	39,021	42%

業種別売上高ランキング				
対象業種	35441　機械工具製造	全　国	1,834社中	10位
対象金額	4,584百万円	都道府県	185社中	3位

［2-3］帝国データバンクのサンプル

動向など】

もっとも効率よく顧客からビジネス的信頼を勝ち取るには、顧客の業界の情報を知り、話題についていくことだ（例：「最近、御社のシェアが急激に伸びてますね」）。そのため私も日経や会社四季報などの業界地図のような情報は必ず目を通していた。

通知機能を用いた情報収集の自動化

情報収集の効率化を図る有効な手段としては通知機能も多用していた。

特に効果を発揮するのが、頻繁に連絡を取るわけではないが関係性は維持しておきたい見込み顧客だ。

グーグルアラートというサービスがある。これは登録したキーワードの最新情報を自動でピックアップしてくれる。たとえば、見込み顧客の社名やサービス名をこのグーグルアラートに登録しておけば、当該企業がプレスリリースを出したときや、ニュースで取り上げられたときに、その情報をいち早く検知できる。もしそれが初めて海外支店を設立したというニュースなら、すぐにお祝いの電話をかけつつ、「海外進出される企業さんって、為替取引や現地開拓で苦労されることが多いんですよね」と、いきなり課題の話を振ることができる（これもまさにニーズの仮説構築）。

顧客からすれば「この営業パーソンは自社の情報を逐一チェックしている」と思う上に、単に祝いの言葉だけではなく課題レベルの話をしてくれるので、当然、聞く耳を持ってもらいやすい。

個人のフェイスブックページをこまめにチェックされると少し気持ち悪いが、会社の情報をキャッチアップされて悪い気がする経営者はあまりいないだろう。

社名を登録するだけの手間で得られるメリットはとてつもなく大きいので、これは営業組織としてもどんどん活用すればいいと思う。現在、弊社では、主要クライアントである金融業界と不動産業界の企業名をどんどんグーグルアラートに登録して、関連するリリースをスタッフがまとめて、社内チャットで配信している。

また、最近なら自分の見込み顧客や既顧客企業のSNS上の企業ページにいいね！をして、情報が自分のタイムラインに流れるようにしておくことは基本だろうし、マナーですらあると思う。

また、企業ホームページのニュース一覧のページをRSSリーダー登録しておくのも効果的な情報収集手段である。RSSリーダーとは、登録したサイトの更新情報をまとめて読むためのサービスの呼び名だ。ちなみにRSSリーダーとしてはFeedlyというサービスの使い勝手がいまのところ最高なのでおすすめする。

型ができれば情報収集の時間は圧縮できる

情報収集は毎日繰り返していると、どこを見るべきかの勘所がわかってくるので、必然的にスピードは速くなる。

入社2年目当時の私は、顧客リストを基にテレアポをかけるとき、番号を押し終えると同時に情報収集していたほどだ。

どういうことかと言えば、電話をかける際、あらかじめパソコンに帝国データバンクの検索ウィンドウを用意しておいて、電話番号を押し終えた瞬間にその会社名を入力。呼び出し音が鳴り出すタイミングで該当データが表示されるので、「おはようございます。野村證券の冨田と申しますが、○○社長お願いします」と型通りの挨拶をしている間にデータを眺め、「どのようなご用件でしょうか？」とこちらもおきまりの返しがされる間に、使えるネタを探していた。

この段階で必要になる情報は受付を突破するためのものなので、主に「あなたの会社のことは調査済みで、課題解決のお手伝いをするために電話をしている」と感じさせるための元ネタ探しだった。

見る箇所と順番はだいたい決まっていて、売上や従業員数、設立年月日、決算月などをザッと見て、たとえば5月にテレアポをしているときに「6月決算」と書いてあったら「いよいよ御社の決算も来月にせまったので、その件でお電話したのですが」というような切り返しをしていた。

まさか相手は私が流れ作業でテレアポをしているとは思わない。これはまさにPDCAの賜物で、これができるようになるとテレアポのスピードもアポ率も飛躍的に上がる。もちろんそれができるようになったのは型が増えたからで、最初の頃は少し時間がかかっていた。

いまの時代は情報過多の時代とよく言われる。それはつまり、本気になって調べれば情報源はいくらでもあるということだ。国税庁のホームページで路線価を調べ、グーグルマップとストリートビューを使えば経営者の自宅の資産価値の概算もできるし、場合によっては乗っている車までわかる（性格が出るので参考になる）。

それでも情報を活かせていないのは、情報のどこを切り取ればいいのか知らないだけで、そこで必要になるのが仮説だ。
仮説とは情報の切り方そのものである。

情報を基にニーズの仮説を立てる

ある企業の過去数年間の業績を調べていて、それまで安定して大きな利益を出していたのに、ここ2年連続でギリギリの利益だったとする。

営業になりたての頃の私は「ああ、業界自体の景気が悪いのかな」くらいにしか思っていなかった。でもこれが入社2、3年目になると、そのような数字を見たら直感的に「このギリギリな数字は多分調整した結果だな。自社株の価値を一時的に下げて資産管理会社に移行しているのかな。じゃあ、この顧客の課題は事業承継かもしれない」という仮説を持てるようになっていた（昨年までの税制では、自社株の相続税評価額は利益の影響を大きく受けたため）。

当然、初見でこのような仮説を提示すると顧客も驚く。

他にも、企業情報に基づいたニーズの仮説例としては次のようなものがある。

●「買収されて新経営者が他業種から送り込まれた」
↓改革の象徴になるような奇抜な提案を期待しているかもな
●「従業員200人」
↓大きな営業部隊がいそうだから、モチベーション管理が課題かな
●「債権回収とファンドマネジメントをやっている」
↓資金調達のニーズが高そうだな
●「資本金に端数がある」
↓第三者割当の痕跡っぽいから、資金調達に敏感そうだな

ブログやホームページに書かれている経営理念、帝国データバンクに出ている経営者の趣味などを見て、「こんな雑談をしたら刺さりそうかな」というレベルのニーズの仮説を立てることは誰でもできる（やるか、やらないかだけ）。だが、経営課題の仮説を立てるのは決して簡単なことではない。

それをするためにはその企業の事業モデル、業界の動向、マクロ経済の動向、税務・法務の知識など、自分が経営者になったつもりでありとあらゆる情報を持っていない

といけない。

とはいえ、それでも調べるべき情報の数は限られている、というのが実際にやってみた私の結論だ。

経営課題を因数分解していけば基本的には売上を上げるかコストを下げるかのどちらかだ（事業承継が絡んでくると「コストを上げる」ケースも出てくる）。そして売上を上げる課題としては組織づくり、設備投資、マーケティングや営業、ブランディング、採用など、因子は限られてくる。

それに経営者個人の課題を考えても、最終的には「人」「物」「金」「情報」のいずれかだ。

「じゃあ、その分野のすべての知識を勉強して経営者と対等に話せるようになろう」

私はそう思って必死に勉強をしただけだ。

でも、それは私が経営者を開拓しようと思ったからで、もし開業医だけを専門に営業をかけていたなら、その領域の知識を必死に勉強しただろうし、私がメーカーに就職して中高生を対象にしたマーケティングを担当していたら、きっと考え方がシンクロできるレベルまで彼らのライフスタイルを徹底的に調べて、分析していたはずだ。

それに、私も最初から仮説構築がスムーズにできたわけではない。

前職時代、私は本社の法人企画部のある先輩と、とても密にコミュニケーションを取っていた。彼は法人の経営課題を見抜くプロ。どうしても開拓したいと思った企業があったら、その先輩に電話をかけて助言を求めていた。

「こんな会社にあたろうと思うんですけど、どうですか」と聞くと、「じゃあ、帝バン（帝国データバンク）の番号教えて」と言われるので、それを伝えるとその場で企業情報を調べてくれて、ものの10秒くらいで「あ、これ事業承継しそうだな」といった彼なりの仮説を教えてくれた。

また、会社のサーバーには過去の取引の膨大な資料があった。

それも私にとって先輩たちが残してくれた知見だ。入社1年目に私はその資料をひたすら読み漁って、「こういう経営課題があるんだ」とか「この商品はこういうときに使うといいんだ」といったことを学んだ。

特に使えそうなものは出力してファイリングして頭に叩き込んで、翌日の営業でしゃべってみて精度を上げていった。あの資料にすべて目を通したのは、社内でもしかしたら私だけかもしれない。

こうやっていきなり精度の高い仮説のヒントを得られたおかげで、私も徐々に企業情報を眺めていると自分なりの仮説が立てられるようになっていったのだ。

それに1年間、毎日営業をやって、毎日仮説を立て、振り返りをしていれば、絶対にさまざまな課題のパターンが見えてくるし、課題のパターンが見えれば解決策のパターンも見えてくる。

そしてそのパターンの数は、おそらく多くの営業が漠然と考えている数よりずっと少ない。

自分の業界に存在する課題と解決策のパターンをすべて頭に入れようということなど大半の営業は考えもしないかもしれないが、売れる営業はそのための努力を毎日している。

飛び込みでも情報収集はできる

最近では飛び込み営業をかける企業も少なくなったと思うので、どこまで参考になるかわからないが、飛び込みであっても現地で得られる情報はたくさんあり、そこからニーズの仮説を立てることもできる。

たとえば法人営業の場合、あらかじめ社員数を把握しておきたいケースはよくあるだろう。

どこにも社員数が明示されていない場合、もしくはネットを調べる時間の余裕がない場合、私はオフィスの広さから概算することもあった。

一般的な事務所なら、1坪あたりの社員数は約0・5人。ゆとりのあるスペースの使い方をしている事務所なら、約0・2〜0・3人というのが目安だ。

坪数を目視で把握するのは、プロの大工さんや不動産関係者にしかできないように感じるかもしれないが、言うほど難しくはない。感覚的な基準を持っておけばいいだけの話なので、自分が毎日働いているフロアや会社の大会議室など、いくつかのパターンを用意してその正確な広さを総務部にでも聞いておけばいい（ちなみに1坪＝3・3㎡＝約2畳）。もし総務に聞くのが面倒なら、自分のオフィスを隅から隅まで何歩で歩けるかメモし、その後、自分の一歩の幅をメジャーで測ってもいいだろう。また、最近ではオフィスビルのサイトも充実しており、そこにはオフィスビルの階ごとのスペースの広さがどれくらいか出ているので、それを見るのもよいだろう。

商業ビルで1フロアを占有しているなら話はもっと簡単で、慣れてくれば建物の外観から推測できるようになる（ちなみに自社ビルなら竣工プレートを見て築年数を把握し、建て替えや移転の需要がないか調べていた）。

もし訪問先のオフィスが100坪くらいで、オフィススペースの様子をチラッと見て広々としたレイアウトの事務所なら、従業員は50人くらいだろうということがオフィスに足を踏み入れた瞬間にわかるのだ。

私の場合はさらにそこから会社の売上規模も概算していた。

売上規模はコストの概算から行う。

平均年収は業界によって異なるが、何回か調べれば頭に入る。仮に平均年収400万円の業界だとして社員が50人いれば、毎年人件費だけで2億円。さらに社会保険があるので約1割増しとすると2億2千万円。

さらに、オフィスの家賃も先ほどの坪数で把握できる。杉並区の場合は月額で1坪2万円弱が相場として、100坪なら月200万円弱。年間でざっくり2000万円くらいだ。

そこにさらに変動費などを足していくと、100坪で50人の会社では、どの程度の売上があるかを平均的なケースとして想定することができる。業種ごとの1人辺り平均賃金・人件費率・労働分配率などは公表されているので、それに当てはめれば、さらに精度の高い予測を行える。中小企業庁のデータ（http://www.chusho.meti.go.jp/koukai/chousa/index.html）やTKCグループが発表しているデータ（http://www.tkc.jp/tkcnf/bast/sample/）などはこのあたりの数値がまとまっているので参考になる。

また、このような業界内平均と比べて自社の経営指標がどのようになっているかは、多くの経営者の関心事であり、意外とこのような公表データすら知らない経営者が多いので、情報提供をしたときに非常に感謝されることが多かった。

また、現場に行かないと得られない情報もある。

その最たる例が会社の雰囲気。

雰囲気が重そうで、社員が100人以上いそうなら、モチベーションが課題だと仮説を立てて、受付の段階では私は「今日は従業員持ち株会の件で参りました」や「ストック・オプション制度の導入の件でお話があって……」「確定拠出年金導入の件で伺いました」と言って経営者につないでもらうケースも多かった。後ほど触れるが、受付担当者本人にとってもメリットのありそうな話を第一声で使うと突破率が飛躍的に上がる。

そこで無事に経営者に会うことができたら、雑談の延長で「それにしても、社員が100人近くの規模になると組織の階層も増え、個々のモチベーションをマネジメントすることも大変じゃないですか?」といきなり核心を突くような仮説を振る。

そこで経営者の表情が真剣になったら、刺さった証拠である。

他にも現場で得られる情報といえば、社内に掲げられている社訓や啓蒙ポスターがある。こうした掲示物は経営者の思いや哲学が反映されているので、天気の話をする暇があったらその話題を振った方が断然に食いつきがいい。

たとえば次のような展開だ。

営業「唐突に失礼します。社長様は人材育成に力を入れてらっしゃるんですね。いや、先ほど事務所を拝見させていただきましたら自己啓発のポスターが貼ってありましたし、社訓の方も1行目に『企業は人なり』と書かれていましたので。ここまで社員様の教育に力を入れていらっしゃる企業も珍しいと思います」

社長「そうかもしれないな。まあ、俺一人では何も成し遂げられないから当然だ」（「こいつわかっているな」と思わせることに成功）

営業「素晴らしい。でも、社長の理想が非常に高い分、そのレベルに引き上げるのは簡単ではなさそうですよね。いろいろ、ご苦労されていることもあるのではないですか？」（やんわりと仮説の提示）

社長「そうなんだよ。やはりなかなか一筋縄ではいかないところもあるからな」

ここでのポイントは、相手が褒められたいところを褒めることで相手に「こいつわかってるな」と思ってもらったことと、次にやんわりとニーズの仮説を提示していること。それが刺さったので、そこから先は自社商品に話がつながるように会話をコントロールしていけばいい。

③アプローチ

改善ポイントとフロー

テレアポとフロントセールスが分離している組織もあるが、大半の企業ではテレアポや飛び込みといったアプローチも営業の重要な役割のはずだ。ただ、基本的に9割以上が断られるプロセスのため、このプロセスを改善するくらいならトーク術やプレゼン力のような改善の努力が目に見える工程を重視する営業が多いと思う。

しかし、「はじめに」でも触れたように、私が自分の営業手法でPDCAを回し始めたのは、このアプローチのプロセスからだった。野村證券の営業1年目は新規開拓と預り資産だけで評価される制度だったので、新規開拓の最大のボトルネックである受付突破をどうにかしたいと思ったことがきっかけだ。

そこでたどり着いた私なりの答えが、「いかに流れ作業でアプローチしていると思われないようにするか」ということだった。

つまり、下心（営業色）をいかに消せるかが勝負で、その具体的な形の一つが前節で触れた「情報収集とニーズの仮説構築」。実際にはそこまでじっくり調べたわけではないのに、「御社の事情はわかっています」という雰囲気を演出することで経営者につないでもらうパターンが私の十八番だった。

もちろん、アプローチのプロセスで改善できるのは受付突破の仕方だけではない。アプローチのフローは次のページの図のようになる。

最初のステップは「誰に営業をかけるのか」を決めること。

法人営業だと「御担当者様はいらっしゃいますか？」で済ませる人も多いと思うが、営業をかけるなら決裁者をダイレクトに攻めるのが基本だと私は思っている。

上から攻めるほどその人につなげてもらえる可能性は下がるし、営業として求められる質も高くなる。ただ、逆に決裁者をダイレクトに攻めているので成約率は高まる。よって自分の現状の能力と照らし合わせて、適切な落とし所を見極める必要がある。

次にどのアプローチ手段を採用するか決める。メールやＤＭ、テレアポ、飛び込みなど手段はいくらでもあるので、どんな顧客にはどんな手段が最適なのか、ＰＤＣＡを回して少しずつ型を増やしていく。

次に実際にアプローチをかけるわけだが、ここも改善の余地は無限大にあり、書店にもマーケティング関連の本が溢れている。

そしてアプローチをした結果、担当者とつながることができたら、限られた時間でいかにアポを取れるかという短期決戦が待っている。

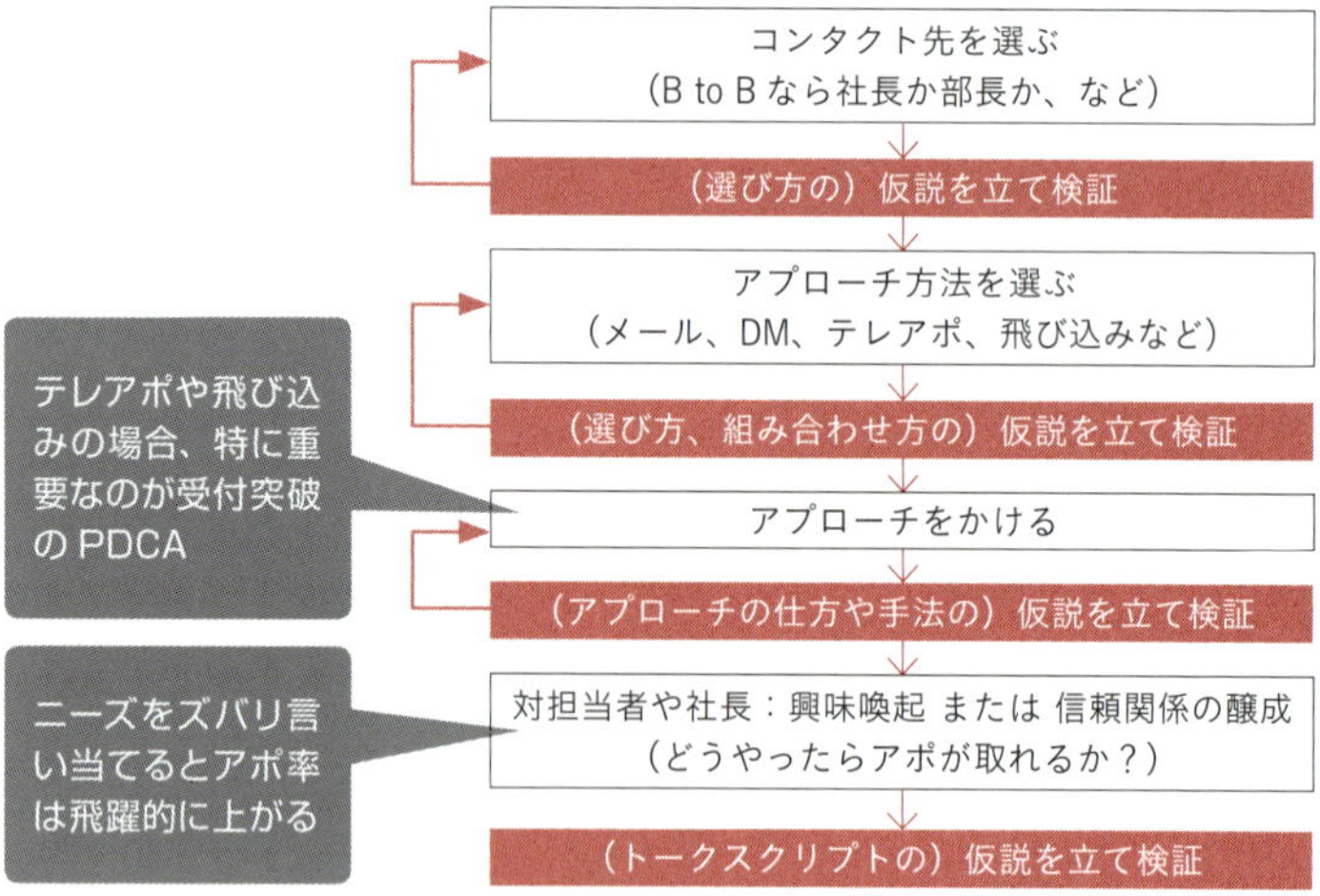

[2-4] アプローチの改善ポイントとフロー

このアプローチのプロセスを含め、リスト選定や事前の情報収集などのマーケティングプロセスは、営業のプロセス全体から見てもボリュームがどうしても大きくなってしまう。

でも、だからこそマーケティング領域については、いかに型を増やしてスピーディーに処理できるかが重要だと思う。それができれば同時に抱えられる顧客の量も増やせるし、もっとも神経を使う面談やプレゼンにも注力できるようになるのだ。

決裁者から攻める

先ほど述べたように、法人営業ならできるだけ上、つまり決裁者をダイレクトに攻めるのが営業の基本だ。

個人営業だとしても、同じく決済する当人にアプローチするのが基本だと私は考えている。

でも、人は意識しないと楽な道を選んでしまう。

どのレイヤーが「上」なのかは提案内容や会社の規模によって異なる。たとえば弊社で金融機関に対して大きめの広告プロモーションなどの提案をするなら、最低でも担当部長クラスとルール化している。

そうやって決まりごとにしているからこそ、営業チームもアプローチルートを必死になって探してくる。

レイヤーを下げればアポが取りやすいし、精神的にも楽だ。だからついつい下から攻めたくなってしまう。

たとえば、弊社でも、経営者同士で話をつけて、弊社の営業と相手の部長クラスを引き合わせたのに、実務レベルに入るとなぜか営業が主任クラスと電話で話しているような場面もたまにある。

1回アポが入った後でこのような感じなので、アポの前はなおさら下から下から行こうとする人が多い。

私も新人の頃、一時期やってしまったことがある。従業員100人以上の会社については経営者ではなく財務担当役員にファーストコンタクトを取るようにしたのだ。

経営者と役員ではガードの堅さがまったく違うので、受付突破率は飛躍的に上がった。アポ率も上がったし、プレゼン率も上がった。

だが、それは最終的な成約数の向上にはつながらなかった。いや、むしろ激減した。

やはり最終決裁は経営者の承認が必要で、私はその経営者に対して直接ニーズ喚起をしていないのだから当然だった。

その失敗を踏まえて、私は基本的に上から当たって、そこで「下に確認してくれ」と言われたら初めて下にあたるようにした（もちろん、すべて経営者狙いだと時間対効果が著しく落ちる可能性があるので、バランスは重要）。

そのときは「社長に言われた」という大義名分があるので、すんなり会ってくれる。

あと、これは途中で気づいたことだが、上から攻めて下に降りるプロセスを経ていると、そのあと上に昇るチャンスが回ってきたときに、下の社員にお伺いを立てる必要がない。

かなり地味なメリットだが、かなり重要なことだ。

というのも最初から下を攻めて徐々に上に攻め上がっていくと、毎回、最初にコンタクトした下の社員が「担当者」として打ち合わせについてくる。仮説営業は相手に応じてトークスクリプトもニーズ喚起の仕方も異なるのだが、一度に複数人を相手にするとフォーカスしづらくなってしまうのでおすすめしない。

それくらい伝え方において、誰を主語にするかが重要ということだ。

これに関連して「伝わり方」についても少し言及しておきたい。

まず、相手にメリットを感じてもらう伝え方として、「私たちはあなたに◯◯に関して貢献ができる」よりも、「これをするとあなたは◯◯を得ることができる」の方が強い効果がある。

後者は、あえて主語を「相手」にして、視点を変えている。前者の場合、伝えられる側が理解するとき、一度「自分ごと」に変換しなければならない。それよりも変換がいらない後者の方がより伝わりやすいのだ。

さらに言えば、人は「メリットを得ることができる」よりも「デメリットになる」と感じてもらう方が、インパクトが大きい。つまり、「私に会ったら得する」と伝えるより、「私に会っておかないと損する」という伝え方の方が強い効果があるということだ。よく「何かを得ることのプラスよりも何かを失うことマイナスの方が強い」という話も同様だ。それをどのように示すかが重要である。

たとえば、「このサービスを他社が先に導入してしまったら大きな脅威となる」とか、「通常より15％も高いコストを払ってしまってお金を損していますよ」などと伝えるということだ。

受付突破を制するものは営業を制す

新規開拓における課題としては、どんなものが思い浮かぶだろうか？

- ◉アイスブレイクで相手の心を開けない
- ◉他の営業パーソンとの差別化が図れない
- ◉プレゼンが苦手

などいろいろ思いつく。

これらの課題は実際に顧客と面と向かって出会えた後の課題が中心だ。でも、ほとんどの営業はその顧客にたどり着く以前に受付を突破できていない。

だから私の1年目はひたすら受付突破率を重点的に追っていた。対面なら対受付だし、家庭に電話をするなら対奥さん（や家政婦さん）になる。

もしB to Cなら、顧客が抱いている心理的なガードをいかに取り除いて聞く耳を持ってもらえる状態にできるか、という話になる。

テレアポや飛び込みを日常的に行っている営業で成果に伸び悩んでいる人は、プレゼン力や交渉術を磨くことより、「受付をどう突破するか」ということに9割以上の労力をかけるべきだ。そこを改善できていないのにプレゼンの準備をしても、母数が増えないことには大した効果は望めない。

ちなみにDMだけの場合は、直接担当者に届いていることが多いので、伝わり方や問い合わせが起こりやすい仕組みをどうするかといった部分について検証と改善を続けることになる。ただ、DMとテレアポを組み合わせる企業も多いので、それであればいずれにせよ最初に受付が出てくることは同じ状況だ。


受付突破率を上げる大きなメリットがもう一つある。

受付のガード力と経営者のガード力は相反する関係にあるので、営業をかけられる件数の多い企業ほど受付のガード力が高く、経営者のガードが低い。逆に、受付のガードが緩い会社ほど、日頃から経営者が直接営業と戦うのでガードが堅い傾向にある。

ちなみに弊社の受付のガードは堅いので、たまにスルッとくぐり抜けてきた電話に対しては「なんだ？」と思って、思わず話を聞いてしまうことがある。

だからこそ受付突破のスキルを磨くとガードの低い経営者と接点を持てる機会が増えるので、なおさら営業成績に跳ね返るのだ。

アプローチ件数は最重要KPIではない

「量」は重要なKPIだ。量をこなすためのスキルを身につけたり、仕組みを改善したりしていくことは大事だし、そもそも場数を踏まないとPDCAが回らない。アプローチ件数をKPIにしている会社も多いと思う。

私も前職時代、量を改善するために担当していた東京都杉並区周辺の詳細な住宅マップを自室に貼っていた。地図を覚えれば効率よく外回りができると思ってのことだ。そして週末ごとに、次週に訪問する会社を選んで地図上にマッピングしていた。

1週間分の予定をルート選定まで含めて決めてしまうことで「やるしかない」という状況に追い込むためである。これはタイムマネジメントとモチベーションマネジメントの両方に作用したので、「量」の改善に大きく役立った。実は住宅マップというのは書店で売っていて、これには一軒一軒会社名や個人名が載っている。

しかし、「アプローチ件数（量）こそが最重要ＫＰＩだ」と決め打ちするのは違う。

これは非常に勘違いしやすいのだが、その理由は、受付突破率が上がればアプローチ件数は下がるからである。

私の新人時代のテレアポのペースは、だいたい7時間で１００社くらいだった。だが、営業の型が増えるごとに受付を突破して電話口でいろいろ話をしてくれる企業が多くなってきて、3年目くらいになると7時間で35社くらいが限度になった。

一方で、同僚のなかには一日３００

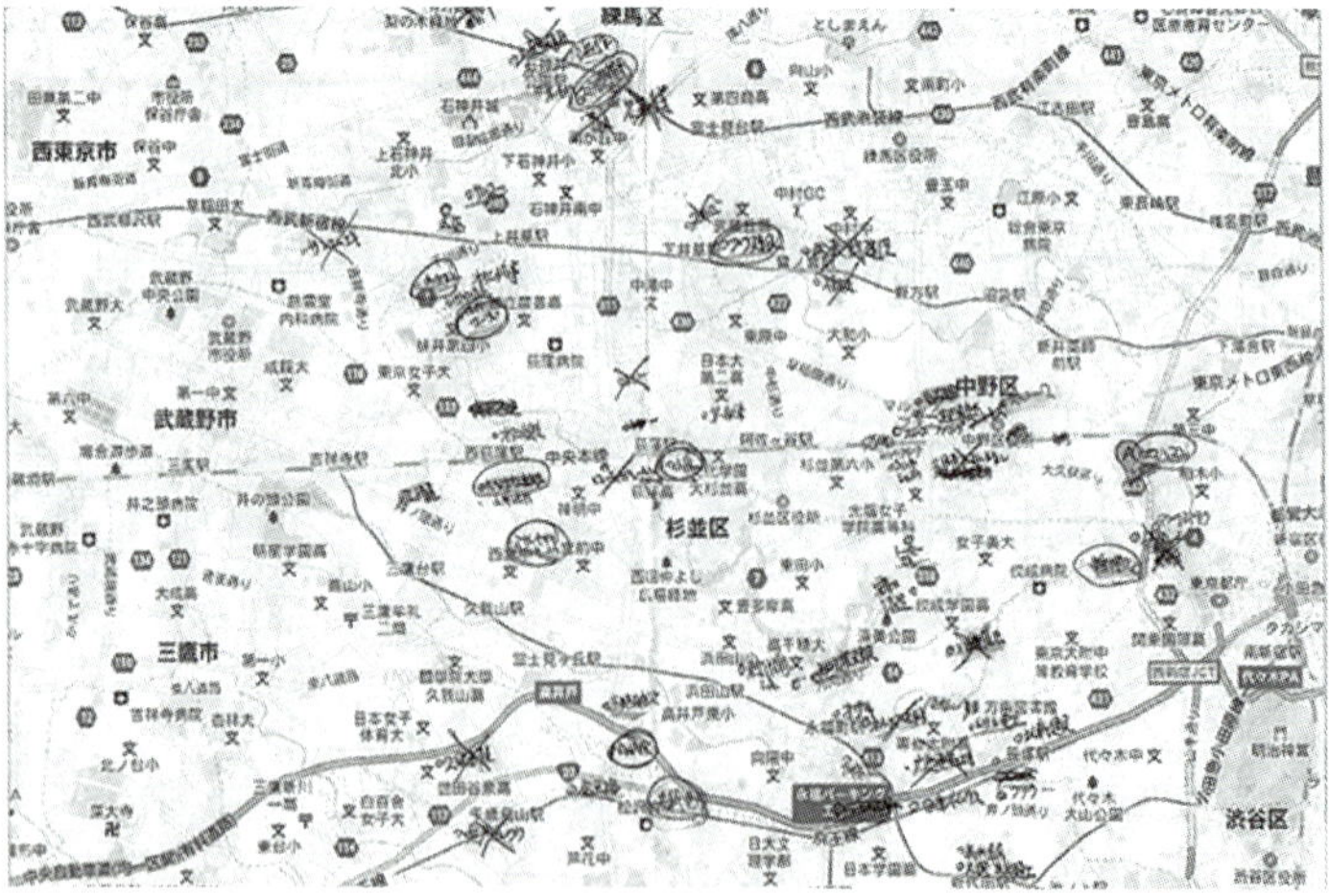

［2-5］当時使用していた杉並区のマップ

件くらいかける人もいたが、それは話をする機会をもらえていない証拠だ。

だから営業はやはりプロセス全体を数字で把握し続けることが重要であるとつくづく思う。

このように、プロセス全体の数値の組み合わせで成果を検証し改善していかないといけない。

私は先に示した全プロセスをさらに分解して検証していた。アプローチした企業のうち、経営者と話せたのは何割か？　経営者と話せた企業のうち、経営者からニーズヒアリングができたのは何割か？　ニーズヒアリングができた企業のうち、面談のアポが取れたのは何割か？　私はこのような数字をずっと追い続けていた(電話口でニーズの仮説をぶつけることも多々あり、だからこそ情報収集とニーズの仮説はテレアポ前に重要になる)。

そしてプロセス全体で見たときに、何度も言うように受付突破率こそが営業プロセスの最大のボトルネックであり、そこを少しでも改善できるだけで成約数なり売上高といったＫＧＩが大きく変わることに気づいた。

アプローチ件数を重要ＫＰＩにするのは、受付突破率がある程度改善した後の話である。

飛び込みとテレアポの効率的な使い分け方

私は現役時代、飛び込み営業とテレアポの両方をしていた。

会社によってはテレアポを丸ごと外注しているケースもあるだろうが、両方やらないといけない営業パーソンも、いまでも多いだろう。

ではテレアポと飛び込みは、どう使い分けたらいいのだろうか？

私の場合、顧客リストのなかで優先順位の高い顧客には飛び込みをかけて、それ以外についてはテレアポで対応するように明確に使い分けていた。日頃から受付突破率（＝見込み顧客化率）を数字で追っていたが、テレアポより飛び込みの方が3、4倍高かったからだ。

突破率が高い要因は、飛び込みの方が相手のガードが下がるケースが多いからだと思う。

というのも世の中の新規開拓営業の9割以上がテレアポだ。だから営業される側とすれば「またか」という気持ちになるし、お互いの顔が見えないので多少荒っぽく断ってもいいかという気持ちになりやすい。

それでもなおテレアポが新規開拓の主流なのは、電話越しで断られる方が断然、気軽だし、量を稼げるだからだ。

でもそれは相手にも伝わりやすく、「どうせ片っぱしから電話しているだけでしょ」と思われたらガチャ切りされてもおかしくない（だからこそ第一声で相手に「おっ」と思ってもらうことが大事）。

一方、飛び込み営業は相当な勇気がいる。

テレアポと比べると数が少なく、電

	時間効率	見込み顧客化率	使い方
飛び込み	×	○	重要顧客
テレアポ	○	×	非重要顧客

[2-6] 飛び込みとテレアポの使い分け方

話でアプローチされるときよりは、多少話を聞く耳を持ちやすい。飛び込みだからといって諸手を挙げて歓迎されることはないが、テレアポと比べると自分の持ち時間が10秒なり、20秒なり増える感覚だ。

わずかな差かもしれないが、その間に仮説営業の真髄である相手に合わせたトークができれば受付を突破しやすくなる、というわけだ。

受付突破の2大パターン

では実際にどうやったら受付突破率を上げられるか、いくつかの型を紹介したい。

これはテレアポでも飛び込みでも両方使える。

まず前提の話をすれば、受付が会社から課せられたミッションは、わかりやすく言えば「いかに侵入者を排除するか」だ。だから一方的に押し売りするだけの営業は業務の妨げになるという意味で必然的に侵入者扱いされる。

よって、受付にコンタクトするときはそのスクリーニング条件からいかに外れるかがキモになる。営業1年目の私はそのことを意識しながら、受付突破の勝ちパターンを見つけるためにＰＤＣＡを回し続けた。

その結果、突破できるときのパターンは次のどちらかに分けられることがわかった。

①　自分と相手（経営者や担当者など）との関連性を感じてもらう
②　提案と相手のニーズとの関連性を感じてもらう

それぞれをトークサンプルとともに簡単に紹介しよう。

①　自分と相手（経営者や担当者など）との関連性を感じてもらう

「侵入者ではない人物とはどのような人物か？」

同じ大学や同じ出身地域と言われると、他人とは思えないというのと同じように、人は自分と関連性が強い人には対して親近感を感じるものだ。そして、それは交流会などで声をかける自然な理由にもなったりする。それは電話で連絡するには少し弱い理由だが、関連性がある状態で連絡する方が数％でも突破率が改善するのは想像に難くないだろう。

あとは関連性を見つけては、実際に現場でそれを試してみて、明らかに反応がいいものだけを残し、自分のなかにアーカイブ化していった。
たとえば関連性を感じてもらうパターンとしては次のような例がある。

- 「○○の会でお会いしまして……」(法人会、講演会、決算説明会、IR説明会などで声をかけた)
- 「○○の会でご一緒しまして……」(同じ会場にいたが話はしていない)
- 「社長の記事(本、講演)を拝見しまして……」
- 「社長の今朝のSNS(ブログ・フェイスブック・ツイッター等)を見て驚いたので……」
- 「お取引先の○○銀行さんの公募増資の件で」(取引先の話なので関連性を感じる)
- 「○○社長と同じ大学の出身で、OB会誌を見て連絡させていただきました」

かなり極端な例を一つだけ紹介する。

私の知り合いに上場企業に対する営業を得意としていた優秀なプライベートバンカーG氏がいる。彼がテレアポをするときは肩書きを言わずに電話かけ、相手が名乗るのを聞き逃さず「あ、○○さん？　Gです。社長いらっしゃいます？」と切り出すのがお得意のパターン。

相手が戸惑い気味に「ご用件は？」と聞いてきたら、「え？　Gって言えばわかりますよ。だ、か、ら、絶対わかりますって！」と、あくまでも知り合い風を押し通す。

ここまで言われると受付の判断の範疇《はんちゅう》を超えるので、経営者につなぐことになる。でも当然、経営者はその営業のことを知らない（営業かどうかも知らない）。

気になるのはその後の展開だろうが、彼は経営者につながった瞬間、「社長！　大変申し訳ございません！　○○のGと申しまして社長とどうしてもお話がしたくて大変無礼な連絡手法を使ってしまいました！」と最大限に謝るのだそうだ。

彼いわく、「受付を正面突破する確率より、経営者が謝罪を受け入れてくれる確率の方がはるかに高いから」ということだ。「名前を言えばわかる」と言って経営者と親しい感じを出すのは、最高の関連性というわけだ。

もちろん、このケースではウソが入るのでやるべきではないが、ある意味、営業を磨いていくことは、どんな人であれ、結局ボトルネックを解消し確率を上げていくことに収斂していくことを示す、一つの例だと思う。

ちなみに関連性を感じてもらうアプローチ方法はメンタル面でも大きな意味を持つ。なぜなら「関連ある人かな？　営業かな？」と判断がつかない状態にいる限り、受付としてはヘタに荒っぽい感じで電話を切ることができないからだ。もしテレアポに対しての心理的な障壁が大きいなら、なおさら効果的になる。

② 提案と相手のニーズとの関連性を感じてもらう

提案が相手のニーズに強く合致している可能性があり、受付が「つながないとマズい」とまで思ってもらうケースも受付突破率を大きく向上させることにつながる。これは前職のときに、社内で普段、私が上司に電話を取り次ぐときに、どんな用件の電話だと取り次ぐかと考えて導き出したものだ。

たとえばあなたの元に証券会社から電話がかかってきて「この1週間の為替急変で大きな損失になっているのではと思いまして、その喫緊の対策の件で電話させていただきました」と切り出されたとしよう。

金融に詳しくなければなかなか理解しづらいが、そもそもこのような内容は受付の判断を超える。しかもその話が会社の経営課題を解決してくれそうな雰囲気も伝わりやすい。この時点で、受付には断った場合のリスクすら生じてくる。なぜなら、断ったことで会社に損害があるかもしれないからだ。もちろん、それだけインパクトのある、ニーズに合致した解決策としての提案を示さないといけないわけだが、日々いろいろな伝え方を改善し続ければ多数の言い回しが見つかる。

ちなみにこのパターンで、外国からの仕入れがある企業や輸出をする企業に対してアプローチを続け、当時の支店でも比較的大きいクラスのクライアントを複数開拓したりした。当時は、リーマンショックなどで急激に円高に振れているときに、為替予約を積極的に売っている銀行と付き合いがある企業はこのリスクを抱えている可能性が高かった（当時は実際、為替予約で大きな損失を出し倒産した企業もあった）。このように時代の変化のなかでも言い回しや伝わるメッセージはたくさん考えられる。

他にも提案と相手のニーズの関連性を伝えるパターンとしてはこんな例がある。

◉「積極的に採用されているにも関わらず、社員数が増えていないのを拝見して、社員の離職率が高いと思い、その対策として来年の御社の退職金や福利厚生を拡充する話を社長に直接ご判断願いたいのですが……」(これは受付にもメリットがあるという側面もある)

◉「今年度の御社の業績を大きく左右する話ですので、一応、社長のご判断を仰いだ方がよいかと思いますが……」

◉「御社の取引先(競合先)の情報を仕入れることができたので、それを社長にお渡ししたく……」

◉「先日の御社のＩＲ情報を見させていただき、○○の部分が大きな課題と明言されており、その解決策の情報提供の件で……」

◉「御社のサービス利用者のアンケートをまとめたのでお渡ししたいのですが……」

売る商品やサービスによってどんな話をするのかは千差万別だろうが、これは受付と話す前から相手のニーズの仮説とそれに対する解決策を考え、さらに一番受付に伝わる言い回しを考えるわけなので、それなりに難易度は高いが、これは実際にプレゼン前のプロセスでも行うこととほぼ一緒なので、この部分が強化されると実際のプレゼンフェーズの質も上がる。

担当者と直接つながる

第1章の冒頭で、「電話番号の末尾1桁ずらし」を紹介したように、合理的に考えてみると受付や家人が障壁になっているなら、お目当ての顧客と直接つながる方法も当然、検討すべきで、私もさんざん知恵を絞った。

SNSの投稿をチェックして「今日は展示会で東京ビッグサイトに終日います！」と書いてあれば直接会いに行ったりもした。また、前職では、なかなか接点を持てない経営者に対して、自宅前で朝駆けする営業手法も使っている営業が多かった。

どこまでやるかは個人差があって当然だと思うが、「選択肢は他にないか」という思考の深掘りは止めてはいけないと思うのだ。

たとえばメールアプローチをしていて、ある企業の人事部に直接メールを送りたいがすぐに見つからないとしよう。

そんなときはドメイン（@会社名.com）の前を「recruit」「jinji」「hr」などに変えながらグーグル検索してヒットするか探るという手段もあるだろう。シンガポールや欧米などではオフィスビルのセキュリティが堅いため、飛び込みでのアプローチはほぼ不可能に近かった。そのため、こういった国で主流になっているのは、テレアポもしくはメールでのアプローチだ。あえてメールアドレスをランダムにしている企業も増えているが、それでもなお「名前．名字@会社名ドメイン」といった組み合わせが多い。そのため、会社のドメインを調べ、またその会社の人と誰か一人名刺交換をすればドメインの前の法則性がわかるので、それで担当者や経営者に直接メールを送るといった手法は一部では使われている。また、リンクトインなどのビジネスＳＮＳでお目当ての担当者や経営者に直接コンタクトを取る手法は日常的に使われている。日本ではリンクトインがあまり広がっていない代わりに、このアプローチがフェイスブックで行われたりしており、私の知り合いの経営者もフェイスブックでこういった連絡が定期的に来るという。

これも、スケールは小さいながらも仮説と検証である。

トークの展開をフローチャート化する

ある日、後輩が、私のテレアポの様子を見て「冨田さんって機転がすごく利きますよね」と言っていた。確かに相手に応じて切り口が違うので、私がアドリブでしゃべっているように見えたのだろう。でも、実際にはそれはアドリブではなく、ほとんどが想定通りの会話にすぎなかった。

何回もやっていれば、あらゆる機転はパターン化できる。

それに私も最初のうちは次のページのようなトークスクリプトを用意しながらテレアポをしていた。

台本というよりは、相手がこう切り返してきたらこう攻めるという流れをあらかじめ決めたフローチャートと言えばわかりやすいだろう。

その流れ自体、仮説と検証を繰り返してブラッシュアップしたものだ。

こういうトークスクリプトがあれば、電話でアタフタすることがなくなるし、頭をフル回転させなくてもよくなる。1回、時間をかけてフローチャートをつくるだけで、その後のテレアポがただの機械的な作業になり、処理速度が上がる。

1-1	受付が電話を取る	→	いつもの人と思わせてとりあえず直球で依頼する
			「社長をお願いします」
2-1	「ご用件は?」	→	一般的なテレアポと差別化を図る
			① 自分と、社長や担当者などとの関連性を感じてもらう 「○○の会でお会いしたのですが……」 ② 提案と相手のニーズとの関連性を感じてもらう 「御社の取引先（競合先）の情報を仕入れることができたので、それを社長にお渡ししたく……」
2-2	「席外し」「不在です」	→	戻りの時間を確認
			「何時に戻られますか？」 (この質問への反応を見て本当かどうか確認する)
2-2-1	本当	→	再度電話
2-2-2	ウソ	→	受付から情報収集
3-1	社長につながる	→	証券会社を使っているか確認
			「相場の流れが変わってきていますが、他の証券会社さんからの電話も増えてますかね〜」
4-1	使っている	→	投資目的・投資対象・運用期間などをできるだけ聞き出す。他社の不満を誘導できると理想
			「どういう目的（きっかけ）で始められたんですか?」 「他社さんではどんな銘柄を保有されていますか?」 「最近の相場上昇でだいぶ利益が出たのではないですか?」
4-2	使っていない	→	相手にメリットを感じさせる
			「法人様向けの情報提供をしておりまして、○○のレポートをお配りしています」
5-1	興味を持った	→	アポを取る
			「資料をお持ちしたいので、○○日か○○日に 10 分だけお時間をいただけませんか？」

[2-7] テレアポのトークスクリプト例

アタックリストから外す判断基準

さまざまな工夫を尽くしても、ガードが堅すぎてなかなかお目当ての担当者にたどり着けないことは当然ながらよくある。

そんなときは、よほどのポテンシャルがない限り、リストから消していた。

引き続き営業をかけるかどうかは「ポテンシャル」「外交する手間」「会える可能性」の3つの要素の掛け算で決めていた。

契約する可能性がゼロという会社はこの世にないと思っている。だが、それと同時に、アプローチしたい先はそれなりの数がある。だから時間がかかりそうだと思ったらさっさと次に行く方が効率がいい

営業とは、限られた時間のなかでどれだけパフォーマンスを出せるかという勝負なのだと思う。

④見込み顧客管理

改善ポイントとフロー

いくらトークが上手な営業であっても、見込み顧客管理がおざなりの営業は一人前とは言えない。そしてそういう人はおそらく早い段階で壁にぶつかるだろう。それをどう管理するかで開拓成果の3割に影響するというのが私の持論だ。

私の同期で見込み顧客管理をしている割に成果に結びつけていない営業がいた。一言で言うと、彼は見込み顧客先（ペンディング先と呼ぶ会社も多い）を多く抱えすぎて管理しきれていなかったのだ。

彼は見込み顧客の情報をノートに手書きでメモしていたが、後から読み返してもどこにどの情報が書いてあるのか探すだけで一苦労で、あまり見返す機会もなかったようだ。

それに時間が空いたときに見込み顧客先を回ろうと外に出たはいいが、どの順番で回るのか決めていないので非効率な時間の使い方をしていた。それに提案期間が限定される公募や利回りの高い債券など、成約のチャンスと言えるときに機動的にアプローチすることができていなかった。

これでは見込み顧客管理をするだけ無駄だ。

見込み顧客管理をする目的は自分の時間効率を最大化すること、そして適切なタイミングで機動的に提案にいくことができるためである。

下の図に示すように、見込み顧客管

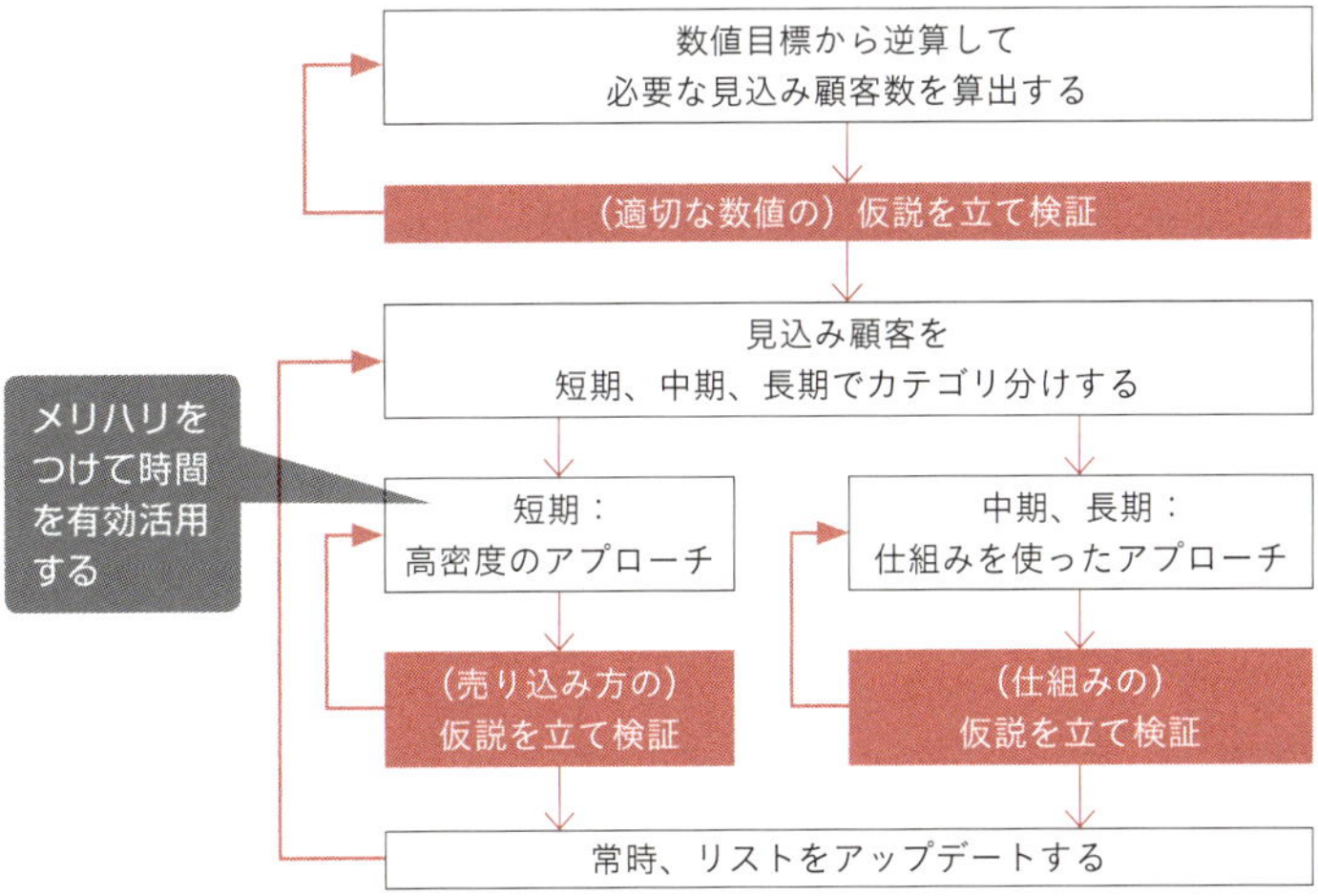

［2-8］見込み顧客管理の改善ポイントとフロー

理のフロー自体はシンプルだ。

最初にやることは数値目標から逆算して、必要な見込み顧客数を算出すること。

次にするのは、その見込み顧客を「短期」「中期」「長期」の3つにカテゴリ分けすること(「短期」とはニーズが十分温まっている顧客で、「中期」と「長期」は文字通りの長期戦である)。

そして、短期・中期・長期の顧客に応じてアプローチを考え、実行する。

特に中期と長期の顧客は、いかに自分の手間をかけないで関係性を維持できるかで生まれる時間がまったく変わるので、積極的に改善すべきポイントである。

見込み顧客管理はグルーピングが重要

私の場合、見込み顧客先は常にエクセルで管理していた。

それは誰でもやるだろうが、ポイントはグループ分けにある。

まず、全体の総数を管理しきれる範囲に抑えるため、優良ペンディング先の上限を100件程度に抑え、絶えず入れ替えるようにしていた。この100件という数値は自分の数値目標と平均単価、成約率から算出したもので、業種や経験値によって異なるだろう。

その100件のなかでも、短期・中期・長期と成約までにかかりそうな期間でグルーピングしていた。

短期はすぐにプレゼンできる顧客。

中期は顧客の希望する商品・サービスが入り次第、プレゼンできる顧客。

長期は優良顧客ではあるがテレアポなどで取りつく島もなかった顧客だ。

このグルーピングは時間効率を上げるとても大きな効果がある。

日々の営業活動に使う大半の時間は短期開拓顧客に割くべきであり、100社を一律に抱えているとその

	短期（～2ヶ月）	中期（2ヶ月～6ヶ月）	長期
株式	A社（IPO）	J社（テーマ株）	
債権	B様（国内債） I様（大口外債）		
投信		C社（通貨選択）	
保険		L社 （逓増定期9月決算）	D様（終身）
不動産		G様（遊休土地活用） H社（事業用売却）	
オペリース		E社（株価引き下げ）	
ビジネスネタ	F社（海外：アジア）	K社（ネット関連）	M社（資金調達）

[2-9] 見込み顧客管理のグルーピング

区分ができない。

たとえば、すぐに募集が締め切られてしまう公募商品などを関係ができていない長期開拓顧客に持ち込むのはタイムロスだ。

それに中・長期で関係を構築しないといけないといっても、すべての会社をこまめに定期訪問していたら、もっとも重要な短期開拓顧客に割く時間が足りなくなる。

だから私は中・長期開拓顧客に対しては、できるだけ仕組みを使った効率的なアプローチをしていた。

先ほどのページに実際のサンプルも用意した。証券営業は扱う商品・サービスが多いので、どの顧客に何をプレゼンする予定なのか一目瞭然になるように整理してある。

効率的に中・長期開拓顧客と接点をつくる仕組み

仕組みを使ったアプローチの代表的なものはＤＭだ。

証券営業の場合は「〇〇社がＩＰＯ（新規上場）するので買いませんか？」とか「税金の本を無料で差し上げますが興味ありますか？」といった類のＤＭとともに名刺を添えて送るケースが多い。

それらを自らポスティングしている同期もいたが、私はそれでは効率が悪すぎると思って、社内のスタッフにお願いして送ってもらっていた。そういった協力者の活用もタイムマネジメントの要素の一つである。

DM以外に私がよく使っていたのが自作メルマガだ。

メルマガといっても不動産業界や建設業界、もしくは為替関連の情報など各業界にとって有益だと考えられる情報を新聞や雑誌から集めてきてスクラップし、2週間に1回くらいのペースでひとまとめにしたものにすぎないが（金融業界は、商品・サービスなどの情報の場合、顧客に渡すには審査が必要。しかし、ただの情報提供の場合であれば広告審査不要）、それに名刺をセットにして定期的に送っていた。ネットで「建設業界／新聞」とキーワードを入れると、直ぐに「日刊建設工業新聞」と「建設通信新聞」がヒットするし、「不動産業界／新聞」と入れれば、すぐに「住宅新報」「全国賃貸住宅新聞」などがヒットする。これらはネットでも一部情報が無料で公開されている。あらゆる業界には、業界特化の新聞や情報サイトが存在しているので、それを活用すればいいだけだ。

業界の情報をスクラップするというのは、「DMが読まずに捨てられる原因はFor

You（あなたのため）だと思われにくいからではないか？　それに経営者は多忙な人が多いから編集された情報はありがたがられるんじゃないか？」という仮説から思いついたものだ。

そして、どうしても開封してほしい重要な顧客に対しては、普通郵便では開封率が低いと思ったので、速達で送っていた。ほぼ使ったことはないが、バイク便だとさらに効果がある。これも、もし自分が速達やバイク便で何か届いたら絶対に開けるだろうという仮説がベースになっている。

定期的に自作メルマガを送っておくと、とてもいいメリットがある。

経営者がその資料を読んでいようといまいと、受付で「いつも業界情報を提供させていただいている者ですが」と堂々と言えることだ。「経営者との関連性」が強まるので受付突破率が上がる。私の経験上、5人に1人くらいは読んでくれていて、そういう経営者は「ああ、君か。いつも送ってくるのは」と言いながら会ってくれた（特に建築業の経営者からの反応はとてもよかった）。

最小の手間で顧客とつながりを持てる継続的な仕組みの活用は絶えず検討していくべきだと思う。

第3章

セールスプロセス

⑤面談（ヒアリング〜ニーズ喚起）

改善ポイントとフロー

この章からは、アポが取れ、いよいよセールスプロセスに入ってからのフェーズを扱う。

最初の面談のプロセスは、他のプロセスと比べると圧倒的に自由度が高いので、営業の個性や能力差、経験値がよく出るが、ある程度の型はある。

初回面談時の基本的な流れは次のようになる。

①相手の性格を見極め、戦略的な雑談により人間的にもビジネス的にも信頼される

②用意してきたニーズの仮説をぶつけて、修正を図る

③動的な情報のヒアリングをする（課題の全貌と「なぜ解決したいのか」「どうやって解決したいのか」といった未来像）

④ニーズ喚起

⑤静的な情報のヒアリングをする（予算などの内部情報）

この5つの要素はどれも重要だし、特に人間的信頼とビジネス的信頼の話は他の営業本ではあまり触れられていないので後ほど詳しく解説するが、「面談の目的は？」というと、4番目のニーズ喚起だと思っている。

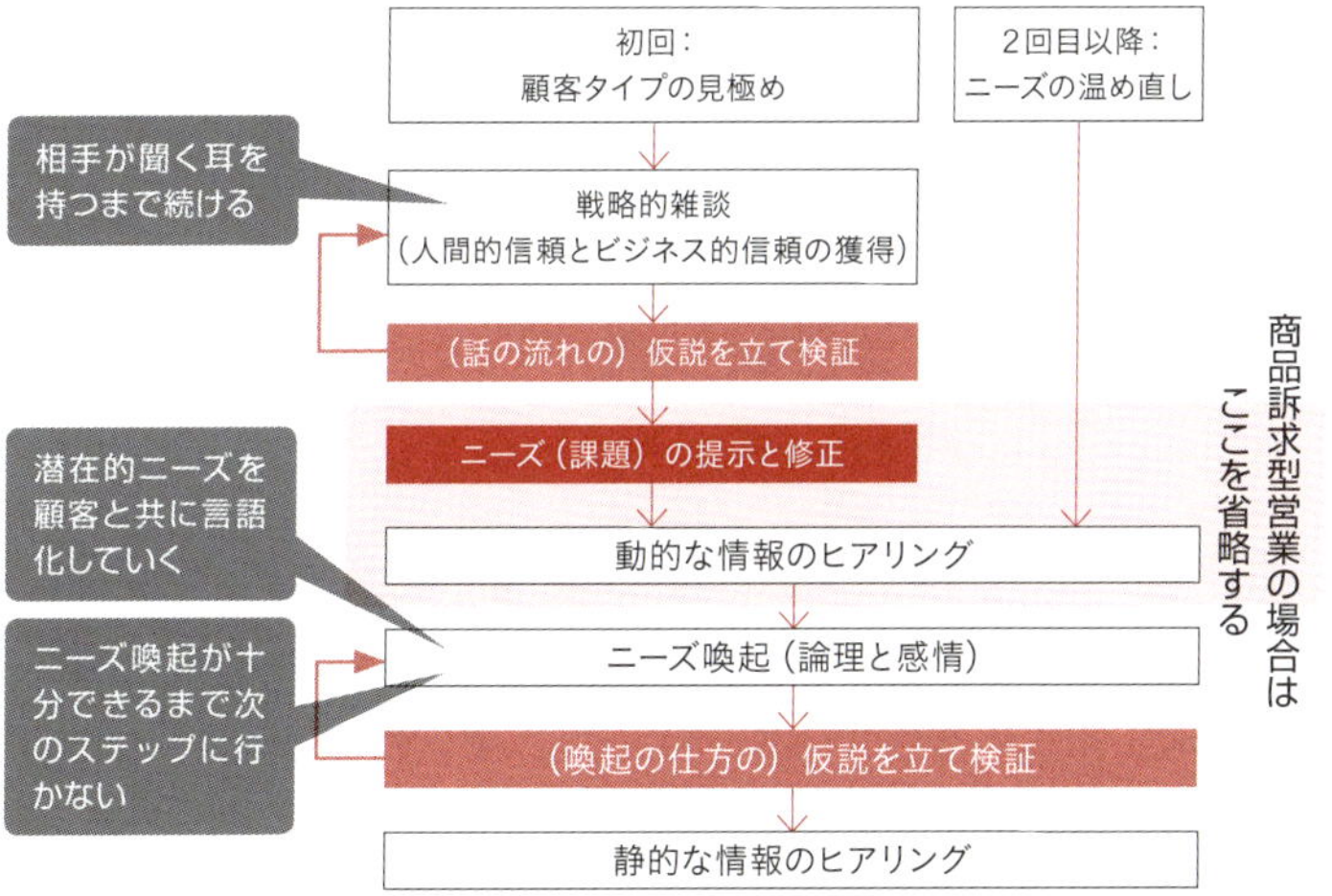

［3-1］面談の改善ポイントとフロー

要は、顧客側が「売ってください」と思う状態に持っていけば、必死に説得する必要もなければ、値引きもする必要がないということだ。もっと言えば、ニーズ喚起が十分できればプレゼンプロセスにそこまで気合いを入れる必要はないとすら思っている（面談は担当者レベルと行い、プレゼンの段階で初めて先方の決裁者が出てくるなら話は別）。

だから私は基本的にニーズ喚起が十分できたと確信が持てるまで商品・サービスのプレゼンはせず、2回、3回と面談を繰り返した。

よって初回面談では5番目の静的な情報のヒアリングまでいかないこともあるが、気にしなくていい。最低限クリアすべきことは次のアポにこぎつけられるレベルのニーズ喚起をすることで、それさえできていれば面談としては成功である。

顧客の信頼を勝ち取るのも、顧客の課題を整理するのも、深いヒアリングをするのも、ニーズ喚起につなげるためだという意識が持てると、面談がより戦略的に行えるようになるだろう。

戦略的雑談で自然と本題に入る

リラックスした雰囲気をつくり、顧客に心を開いてもらうために行うアイスブレイク。「季節」「道楽」「ニュース」……と、定番の雑談ネタの頭文字を集めた「木戸に立てかけし衣食住」のなかから話題を探している人もいるだろう。それも立派な型だ。

でも、それが初めての面談だとしたら、雑談を雑談で終わらすのはもったいない。

先日、私のところに金融機関から若い営業が来た。

昔の自分を思い出しながら、相手の営業がどうやって話を切り出してくるのか楽しみにもしていた。

彼は私の過去の本を読んできてくれたようで、最初にサッカーの話を持ち出した。彼も学生時代サッカーをやっていたそうで会話はそれなりに盛り上がったのだが、時計をチラッと見た瞬間に急に真面目な表情になって「……で、そろそろ本題なのですが」とトーンを変えて来たのだ。

せっかく和らいだ空気だったが、その流れがブチっと切られてしまった。

相手の趣味に合わせた話題を切り出せば人間的信頼を得られるだろうと考えることは決して間違いではない。私も相手のコミュニケーションスイッチが入りそうなキラートピックを事前に調べてアイスブレイクに使うこともあった。

でも、そうかといって本題と完全に切り離してしまうのは、人情型営業がやりがちな典型的な話の展開の仕方だ。

相手の課題（と思われる話）の遠からず近からずのところから始めて、いつの間にか本題に入っている。これが理想の面談だ。

私はこれを戦略的雑談と呼んでいる。

もしサッカーの話から入るのであれば、監督の話にシフトして個性派集団を束ねる難しさの話でもして、そこから会社経営に持っていってもいいし、スター選手の高額年俸やその運用方法の話をして、優秀な人の採用の難しさや資産運用の話にしてもいいだろう。上記の流れのまま税制対策を切り出すなら、プライベートバンクの聖地スイスでの脱税で有罪判決を受けた、リオネル・メッシ選手の話から入ってもいいかもしれない。

とにかく流れを切らないことが重要になる。

人間的信頼関係とビジネス的信頼関係の両立

流れを切らないための話題展開法については後ほど触れるが、その前に人間的信頼関係とビジネス的信頼関係の話をしておきたい。

いわゆる人情型営業は「人として好かれる」人間的信頼を勝ち取る術に優れているわけだが、私の信念としては人として信頼されつつ、ビジネスパートナーとしても頼りにされる営業を目指していた。単純に、そのような営業が稀有だったし、人間的信頼だけで商品・サービスが売れる時代でもなくなってきたからだ。

人間的信頼とビジネス的信頼の違いは、信頼感と信頼性の関係にも近い。

人間的信頼とは「信頼感」の方で、「必ずやりきってくれる」「全力を尽くしてくれる」「ウソを言わない」「騙さない」といった「感情」に関する話だ。

一方、ビジネス的信頼とは「信頼性」の方で、「すごく使いやすい」「壊れにくい」「便利である」といった「機能や品質」「合理」に関する話だ。

たとえば、アップル製品に熱狂的な信者が多いのは、まさに信頼感と信頼性の両軸を高めているからである。「好きだけど故障が多い」のではいずれ顧客もしびれを切らすし、「機能はすごいけど愛着はない」のでは、その機能に少しでも不満を持たれたら見捨てられる。

そして営業も、熱狂的な信者を獲得するにはその両立が欠かせないと思っている。

私は入社1年目と2年目、企業オーナーの新規開拓に明け暮れ、27歳でプライベートバンカーになった後は資産20億円以上の超富裕層の開拓も担当した。

VIPである彼らは本来、支店長や部長クラスが直接動いてもいいレベルの人たちだ。そんな人たちがなぜ若造の私を信用してくれたのかと考えると、やはり私のなかに振り幅があって、オーナーのタイプに合わせていって人間的にもビジネスパートナー的にもある一定以上の信頼を得ることができたからだと思っている（もちろん、若い営業が珍しいので可愛がられたのもあるだろうが）。

泉田良輔氏が書いた『銀行はこれからどうなるのか？』（クロスメディア・パブリッシング）という本のなかで、銀行と顧客の関係性についての話がある。

「人間」と「機械（人工知能）」のどちらが顧客との対話を担うべきかという議論があるなかで、その中間として「ドラえもん」がいるという指摘をされていた。

私が理想とする仮説営業は、高い問題解決能力を持ち、なおかつ顧客に寄り添える人間臭さを兼ね備えている、まさにドラえもんだ。

このうち、ビジネス的信頼を勝ち取るためには、とにかく課題の圧倒的なスペシャリストになるしかない。課題と解決策の型を増やすこともそうだし、業界の話題にキャッチアップしていることもそうだし、相手が気づいていないクリティカルな課題を浮き彫りにすることもそうだ。

人間的信頼関係に関しては、いろいろなコミュニケーション本などで書かれていることも多いので、そういったものに譲るが、私のなかで特に大切にしていた3つのことを、ここでは共有しておきたい。

ステップ①信頼されないことをしない
ステップ②相手との共通の話題や体験を持つ
ステップ③相手の価値観に共感する

具体的に説明していこう。

ステップ① 信頼されないことをしない

「どうやったら信頼されるか」を考え出すと、相手によって期待値が異なるので意外と難しいことに気づく。でも、「どんな人なら信頼しないか」と考えてみると、すんなり共通点が見えてくる。

先日、社内の若手に「信頼できない人」についてブレストしてもらった結果、次のような要素が見えてきた。

- ウソをつく人
- 遅刻をする人
- 悪口を言う人
- 挨拶をしない人
- 人相が悪い人
- 表裏の激しい人
- 否定から入る人
- 見た目がだらしない人

こうやってリストアップできたものを絶対にしないと心がけるだけで、少なくとも人間的信頼を損なうことはある程度避けられる。

しかし、実際にはそれすら実践できている人は少ない。

「信頼できない人」の特徴は、これら以外にも挙げようと思えばいくらでも挙げられるが、そのなかの一つも当てはまっていないと断言できる人はいるだろうか？

人から信頼される基本は、信頼されないことをしないこと。

ものすごく初歩的な話に聞こえるかもしれないが、実はそれだけで営業として、そしてビジネスパーソンとして大きな強みになるのだ。

それが達成できたら、次は少しずつ改善していく。「自分の人相は悪くない」と思っているなら、どれだけ人相をよく笑顔を心がけているだろうか？　もしくは「挨拶は欠かさない」と思っているなら、どれだけ気持ちよく挨拶をできているだろうか？

こうやって自問を続ければ、どんなに当たり前なことにも改善の余地は必ずあることに気づくだろう。

それと、これはこの本に書くべきか最後まで迷ったが、自分のことを信頼してもらうには、やはり自分も相手のことを信頼することが基本だと思っている。

それは明確なロジックで説明できるものではないし、相手を信頼したからといって期待通りにならないこともある。

でもやはり自分の態度は絶対に相手に伝わると思うし、「なんだかこの人、怪しいな」とこちらが思った状態で自分が信頼された経験は、あまりない。ビジネス的メリットを感じてもらうことはあるが、それだけでは「熱狂的信者」にはなってもらえない。「お互いの信頼関係は比例する」。少なくとも私はこの心構えを、営業を離れたいまでもずっと大事にしている。

ステップ② 相手との共通の話題や体験を持つ

人間的信頼関係を築く2つ目のステップは、相手のことをよく知り、共通の話題や体験を持つことだ。

前職のとき、ある優秀な先輩営業パーソンから「社長室に連れて行かれたら、通された瞬間からまずあらゆるものを見ろ」と口グセのように言われていた。椅子やデスク、パソコン、筆記用具、あるいは張り紙など言外の要素から、相手がどんな人なのか見えてくる、と。

その最たる例が車だ。経営者には、車好きの人が多い。

私はどちらかといえば車の知識については苦手な方だったが、それでもレクサスやポルシェ、ベンツ、マセラッティなどの高級車が大体どれくらいの価格帯で、どのような特徴があるのかくらいは最低限、頭に入れておいた。

たとえば同じレクサスでも、「LS」シリーズはざっくりと1000〜1500万円。「GS」なら500〜800万円、「IS」は400〜600万円くらいの価格帯だ。そうしたことを踏まえておくと、営業先の経営者がレクサスに乗っていれば「いい車ですね」と単純に言うだけでなく、「外においてあった車、もしかして社長さんのですか？　あのLS、もしかしてキャッシュでお買い上げに……？」といったように、会話の展開の余地をつくれる。

私が車の基礎知識を頭に叩き込んだのは、共通の話題を創出するためだ。

極端な雑学王になる必要は一切ないが、やはり営業である限り知識の広さは重要だし、特定の領域の知識については深さを持っておくのは立派な武器になる。

あとはよくコミュニケーション本で書かれている「共通項を探すこと」も鉄板だ。

同じ地方の出身であるとか、同じ大学であるとか、同じ趣味を持っているとか、共通の知人がいるといった共通項が多いほど人間的信頼関係は強くなるものだ。

私も経営者の趣味や出身地や出身大学などの情報をネット検索していたし、ちょっとした共通点のヒントを求めてアポの10分前に現地に行って、会社や自宅周辺をぐるぐる回りながら情報を集めるようなこともしていた。

トライアスロンが趣味なら、マラソンまたは水泳だけ始めてみるだけでも、共通の話題に加え、共通体験が生まれることになる。一緒に食事やゴルフに行くのもなおさら強い共通体験だし、共通体験が多く・深くあることで、そもそも会話が盛り上がるし、共感を感じやすくなる。そういったことが人間的信頼関係に繋がっていく。

ステップ③ 相手の価値観に共感する

人間的信頼を構築するときの究極形は、その人の哲学や生き様に共感することだと思っている。人間的信頼を本当に得たいのであれば、相手を好きになり、相手のファンになるというプロセスが必要だ。相手の価値観の素晴らしいところをもっともっと知ろうとすればいい。その時点までは、こちらの営業の事情なんてどうでもいいというスタンスが求められる。

特にオーナー経営者の場合は、経営理念がその人の価値観そのものだ。だから私はどれだけ忙しくても面談前にその企業のHPを開いて経営理念や会社のビジョンが書かれているページをチェックした。

第2章でも言ったが、いま私が営業をするなら、絶対にSNSやブログも調べるはずだと思う。

仕事でのこだわりとか、世相の切り方とか、政治的なスタンスとか、将来的な夢といった情報は､昔であれば何度かお酒を酌み交わさないとわからないことだったが､いまではそれが世界に向けてつぶやかれているのだから、それを見ないのはあまりにもったいない。

あと、先ほどの車の例で言えば、乗っている車から相手が大事にしている価値観を探ることもしていた。

たとえば、1000万円級のレクサスに乗っているなら「機能を大切にするのかもしれない」とか、フェラーリに乗っているなら「自己顕示欲が強いのかもしれない」､ファミリータイプのワゴンなら「家族をとても大切にしているかもしれない」といったように。

もちろん、外れることも多いのでそれを型と呼んでいいのかは微妙なものの、とりあえず仮説を立てることで「自己顕示欲が強いとしたら、アメックスのブラック・カードの話を振ってみようかな」と次のアクションが見えてくる。

それに乗ってくれれば一気に信頼を勝ち取れるし、もし反応が鈍ければ「そうですよね」と言って軌道修正をすればいいのだ。

また、信頼関係を築こうとして聞かれてもいないのに自分のことを滔々《とうとう》と話してしまう人がいるが、それはまったくの勘違いである。

人は「自分の話を聞いてくれる人」「自分の話に共感してくれる人」を信頼する。そして、それは深い部分に共感すればするほど、信頼度も強くなる。だから、相手の価値観レベルに対して共感することが最もインパクトが大きい。

だからこそ営業は「相手が話したいこと」を絶えず深掘り続けて、探り続けて、たくさん話をしてもらうことが必要なのである。

ただし、「相手が話したいこと」もさらに分解できる。

たとえば経営者のデスクにお孫さんらしき写真が飾ってあったら、当然話したいことだろうし、話を振れば喜んで話してくれるはずだ。でも、その話題については社員とも取引先とも他の営業ともさんざん話しているはずなので、差別化が難しい。

だから私の場合は「相手が話したいことで、なおかつ普段、話せないこと」を話題に選ぶようにしていた。

有名なジョハリの窓（下図）の分類で言えば、左上の「開放の窓」がお孫さんの話題で、左下の「秘密の窓」が、私が最もたどり着きたい、また、たどり着こうと努力した領域である。

相手が経営者の場合、「秘密の窓」に該当するのは経営上の悩みであることが多い。

経営者はその立場上、部下や他の経

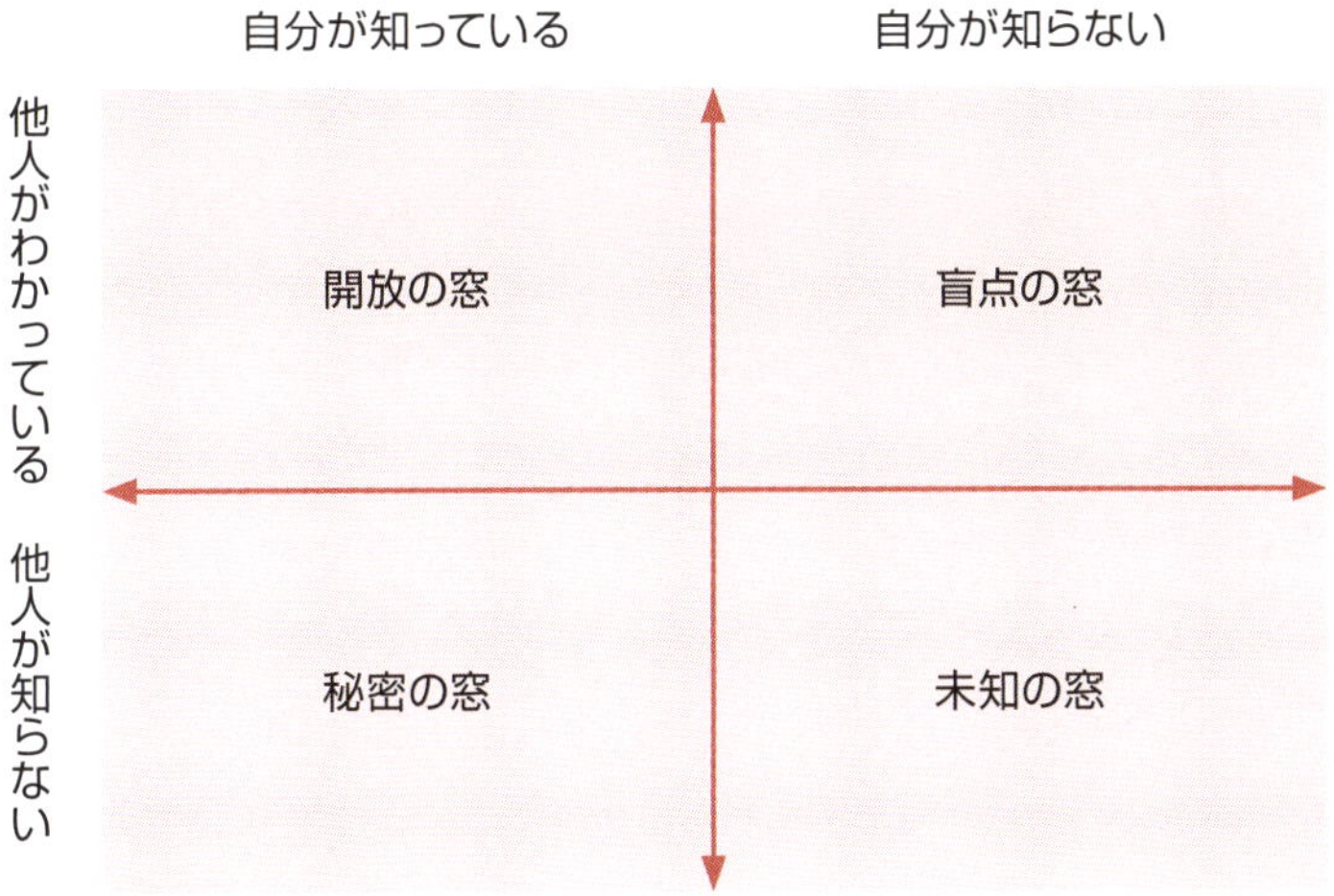

[3-2] ジョハリの窓

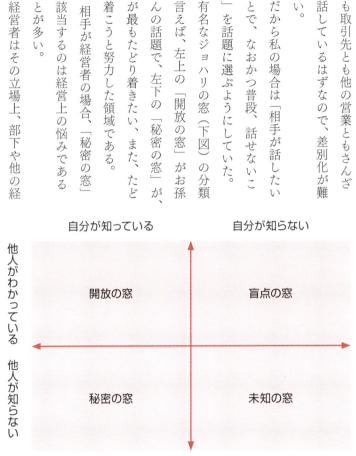

営者仲間の前では弱音を吐くことができないし、家族に対して仕事の話をしても理解してもらえない。

でも、第三者的なポジションである営業は、そこにうまく入り込める可能性を持っている。

そのことに気づいてからというもの、私は孤独な経営者のよき相談相手になれるように努力を続けた。先ほど「経営理念」こそ最強のネタ振りだと書いたのも、そのような深い話ができる相手は社内ですら滅多にいないからである。

「他の人には話せないが、キミには話せる」と思ってもらえれば、もはや、いち営業パーソンとしての位置づけではなくなる。

話題展開を事前に想定する

さて、戦略的雑談をするときにどんな話題から始めてどうやってスムーズに本題につなげるのかはパターンが無限にある。

ただ、個人的な話（車の話など）をした後に本題に移行するときには話がブツ切れになりやすいので注意したい。事前にどんな話題を振るかわかっていれば、話の流れを想定しておくのがベストだろう。

たとえば、「車」から「燃費」の話に振って「生産効率」の話に振るとか、「車」から「税金」の話に振って「税務対策」の話に持っていくといった、いくつかの展開ルートを持っておくと戦略的雑談が楽になる。

もし、会社や業界、経済、市況などのビジネス寄りの話から入るなら、話題も限られているのでパターン化しやすい。

参考までに、帝国データバンクなどで得られる企業情報を元に話を始めて、本題につなげていくときの話題展開例を下に用意した。

業種	主業種と従業種の割合➡市場展開の話➡（本題）企業の紹介など
会社名	由来➡事業展開の方向性➡（本題）事業支援など
住所	決定の経緯➡移転計画の有無➡（本題）移転先の斡旋など
設立年	設立の経緯➡事業承継計画の有無➡（本題）事業承継支援など
役員	役割分担の確認➡後継者の確認➡（本題）自社株対策など
取引銀行	メイン銀行及び取引状況の確認➡取引上の問題点の確認➡（本題）取引改善施策の提案
従業員数	社員教育の方針➡教育システムの有無➡（本題）社員教育システムの提案
仕入れ先	取引状況の確認➡原価低減ニーズの掌握➡（本題）新規仕入先の斡旋
販売先	主力販売先の確認➡伸び率の確認➡（本題）販売チャネルの紹介
業績	過去２、３期の業績確認➡経営計画の確認➡（本題）事業支援など

[3-3] 企業情報をきっかけとした話題展開法（経営者層開拓の場合）

金融機関による経営者層開拓営業を想定しているので、決して汎用的な例ではないし、ここで紹介しているのはそのごく一部でしかないが、話題の展開の仕方は言語化できること、そして事前に情報収集した分だけ話のきっかけが増えるという2点を、せめてご理解いただければと思う。

その上で、本題をご自身の商品・サービスに置き換えてみて、それぞれどういった展開なら自然につながるのか、チームでブレストしてみることを強くおすすめしたい。それはきっとチームの財産になるはずだ。

また、企業情報以外にも、私は話のきっかけとして「失業率」「市況」「年金制度」「有効求人倍率」「政治」「ヒット商品」のような時事ネタも多用していた。

特に経済ニュースは同じような話題が周期的に出るので、たとえば「失業」というキーワードから本題につなげる展開例などを検討して紙に書き出しておくと、あとあと非常に重宝する。

一番確実そうな仮説からぶつける

戦略的雑談が終わったらいよいよニーズの仮説を相手にぶつけてみる。

なお、雑談途中でも新たな情報が入ってくるので、必要に応じて仮説は修正しないといけない。そこでアタフタしないためにも、そして仮説をぶつけてみて外れた場合に焦らないためにも、ニーズの仮説は最低2、3個は用意しておく必要がある。

仮説を複数持っているときに重要なのは、もっとも確実性の高いものを選ぶことだ。一番刺さるニーズを一発で言い当てるのが理想だが、その仮説に自信がないなら提示するべきではない。最初に出す仮説があまりに的外れだったり、続けざまに仮説を間違えたりすると逆に信頼を失うケースもある。

私の経験上、2回連続で仮説を間違えると「こいつ全然わかってないな」と思われて心を閉ざされてしまう。それだと深いヒアリングなど望めないので仮説の修正が難しくなる。

いきなりホームランを狙うのではなく、バットを短く持ち、確実に出塁するようにするとよい。

早い段階で相手の課題を言い当てることができれば、それが突破口になってそのあとのヒアリングの質がグンと上がる。

たとえその課題が顧客にとって最重要課題ではなかったとしても、それが顧客にとって役に立つ指摘であれば、「この営業はなかなかしっかりしているな」と思ってもらえるだろう。

この段階ではそれで十分。富士山の5合目ではなくても、3合目から始められる。何が最重要課題なのかはそのあとのヒアリングでひもといていけばいい。

それに、自分のなかでその仮説に確信があって、かつ、相手にそれを納得させ理解してもらうための「事実」を混ぜて話せるレベルになければ、人の心や行動を動かすところまではいかない。

特に「相手が気づいてない」「まだぼやっと思っている（言語化できてない）」レベルのニーズや課題を刺激するならなおさらだ。

「仮説がスベった！」と焦る前に確認したいこと

ただし、仮説が本当にスベったのかどうかもしっかり見抜く必要がある。

こちらの仮説の提示に対していい反応が得られなかった場合、本当に的外れだったケース以外にも3つの可能性が考えられる。

①問いかけに対する解釈の違いが生じている
②ビジネス的信頼関係が足りない
③人間的信頼関係が足りない

①問いかけに対する解釈の違いが生じている

たとえば「昨年やられた組織改変、大変だったんじゃないですか？」と仮説を提示して相手が「そうでもなかったよ」と答えたとする。

相手が否定をしてきたら「なぜ否定したのか？」を考えることをクセにすべきだ。

それは組織再編に向けて入念に準備していたおかげかもしれないし、そうだとすれば今後も準備が必要になるということ。もし優秀なコンサルがついていたなら、今後も優秀なコンサルが必要になるということだ。

このように事実上はイエスなのに、解釈の違いで答えがノーになることはよくある。

②ビジネス的信頼関係が足りない

要は「こいつに話をしても役に立ってくれないだろう」と思われている状態だ。特に経営者層は時間を無駄にしたくない傾向が強いので、頼りなさそうな営業には多くを語らないものだ。

それを防ぐためには、早い段階で自分がどのようなビジネスの経験をしてきたのかさりげなく相手に伝えておかなければならない。

そういう意味では、戦略的雑談の時間はさりげない自己アピールのチャンスでもあり、特に若手の営業ほどあえて経済や業界の動向などについて話を振って、顧客と対等、もしくは対等以上に話せることを示すことも有効な手段である。

③人間的信頼関係が足りない

相手の虚栄心を刺激してしまい、本当は指摘した課題を持っているにもかかわらず、「ノー」と言われることもある。

この場合はどちらかと言うと人間的信頼関係が不足していることが要因になる。

ただし、ある程度の信頼関係ができていたとしても、イエスと言いづらいことをダイレクトに聞きすぎても相手は本音を言わない。たとえば、自尊心の強そうな経営者に対して「リーダーシップが課題ですね？」と聞くのはあまりにデリカシーがない。そういうときは相手の能力をさんざん褒めちぎってから、「とはいえ、ここまで会社が成長するとマネジメント面での課題もちらほら出てきていませんか？」くらいの柔らかい言い回しにしたりするのがポイントである。

「ありたい姿」を明確にする動的なヒアリング

動的な情報のヒアリングで聞き出さないといけないのは次の4つの要素だ。

- ありたい姿はどんなものか？（ゴールが見える）
- 現状はどうなのか？（ギャップ・課題が見える）
- そのギャップはどれくらいの深刻度なのか？（痛み・本気度がわかる）
- どうやったら埋まりそうだと思うか？（期待値や制約条件が見える）

特に重要なのが「ありたい姿」と「現状」だ。そのギャップこそが課題であり、仮説ベースで用意した課題をより正確、かつ具体的なものにするためには、「現状」と「ありたい姿」をどんどん深掘りしながら聞き出す必要が出てくる。

企業の場合は「ありたい姿」は比較的わかりやすい。

ただ、相手が個人になると「ありたい姿」を把握することは容易ではない。あることで悩んでいることがわかったとしても、それをどう解決したいのか、なぜ解決したいのか、そして、解決してどうなりたいのか、といった話になると初対面ですべてを語ってくれるわけではないからだ。

それに、そもそも本人が言語化していないケースも実に多い。

自動車王フォードの有名な言葉で、「もし顧客に彼らの望むものを聞いたら、『もっと速い馬がほしい』と答えていただろう」というものがあるが、考え方としてはこれと同じだ。

高度なソリューションの場合、顧客はその存在を知らないので、自分のクリティカルな課題に気づいていないのである。

だから私がヒアリングに挑むときは相手の話の表面的な意味はあまり聞いていない。むしろその際の話しぶりを観察することが重要で、自信はありそうか、しどろもどろではないか、熟慮しているかといったことを注意深く観察していた。

つまり、話を追うのではなく、人を追っているのだ。

頭では必死に思考を走らせて、相手の真のボトルネックを見つけようとしていた。私の考える究極の提案とは、相手のもっとも根幹にある「ありたい姿」から落とし込まれた提案である。それを実現するには相手との深い対話が必要であり、その対話を可能にするにはやはりビジネス的信頼関係と人間的信頼関係が共に高いレベルにあることが欠かせないと思っている。

商談を決定づけるニーズ喚起の4大要素

ここからはニーズ喚起の具体的な話に入っていこう。

課題解決型営業における最終的なプレゼンの形は「〇〇という理由から、あなたはこの商品を買うべきだ」という提言的なメッセージになる。その因果関係に納得感があればあるほど、「どうしても買いたい」という衝動が湧き起こる。

この「〇〇という理由から」の部分をいかに強められるかが商談の結果を左右すると言っていい。その一連の作業がニーズ喚起だ。「この商品を買っていただけませんか？」という「お願い営業」とはまったくアプローチが異なる。

では、どのような提言メッセージなら相手に刺さるのか。

現役時代、私はそのことをひたすら考え、営業の本や交渉術の本も読み、売れる要素を因数分解していった。

その結果、導き出した結論は、ニーズ喚起の仕方には４つの要素があるということ。そして、その条件を多く満たすほど成約率が高まることだった。

商談を決定づけるニーズ喚起の４大要素は次の通りだ。

①必然性
②効用
③実現可能性
④緊急性

これは新規開拓だろうと、販売員だろうと、ルート営業だろうと同じ。セールストークを考えるときや提案書をつくるときに、これらの４つの要素をできるだけ盛り込めるようにしたい。

①必然性

因果関係のうち、特に相手の不安を喚起するもの。

例：痩せないと成人病になる恐れがあるから、ジムに加入すべきだ。

②効用

因果関係のうち、相手にとってプラスに働く側面を強調すること。必然性が不安の喚起なのに対して、効用は欲望の喚起とも考えられる。

例：痩せたら長生きできるので、ジムに加入すべきだ。

③実現可能性

「誰でもできる」「確実にできる」「手間なくできる」といった、購入（や利用）に対する心理的ハードルを下げる謳《うた》い文句のこと。ライザップのCMは「効用」とこの「実現可能性」を全面に押し出している。

いくら自分の抱える課題とそれに対する解決策がもたらす効果が明確になっていたとしても、「本当にできるのか」とか「自分でもできるのか」といった不安を持っていたら、二の足を踏みやすい。

例：このジムはダイエット成功率9割だから、加入すべきだ。

④ 緊急性

いま契約することの意義を強調する。

金融の営業を始め、すぐに気づいたことだが、金融商品という商品は、基本的に緊急性が低いものが多い。すなわち「資産運用は確かに重要だけど、いままでやってこなくてなんとかなっているし、いまじゃなくていいよね」と思われるケースが多いのだ。そこで背中を押すには、買い手の優先順位を上げる理由をつけないといけない。

例：もうすぐ海やプールのシーズンだから、ジムに加入すべきだ。

このうちどれが相手のツボにもっとも刺さるかはケースバイケース。だからこそヒアリングでは現状を把握するだけではなく、「どうありたいか」を入念に探らないといけないし、のちのプレゼンにおいてもそこを重点的に強調しないといけない。

「そこまで細かく考える必要があるのか」と思う人もいるはずだ。

でもこの4つの要素を意識しないと、顧客の反応を見たときに「あ、この人には効用が効きそうだ」とか「反応が悪いな。あ、緊急性の話をしていなかった」といったロジカルな戦略が立てられない。当然、1回の面談から学べる量も少ない。

効用を喚起するときは内的報酬を意識する

4つの要素のなかの「効用」。簡単に説明したが、実際はかなり奥深い。

どんな効用があると相手が喜ぶかは千差万別ではあるが、私が効用からニーズ喚起をするときに必ず意識していたのは、外的報酬と内的報酬だった。

外的報酬とは、得られるものが自分の外からやってくる定量的なもの。主にお金や地位のことだ。

内的報酬とは、得られるものが自分のなかからやってくる定性的なもの。承認欲求、やり甲斐、充足感、自己統制感などだ。

もちろん、ビジネスの場面で経済的なメリット（外的報酬）を語らないことはありえないが、人のモチベーションはどんどん内的報酬にシフトしていると思っている。

たとえば資産運用の世界で顕著なのが社会貢献に対する欲求だ。お金を運用することと社会貢献を同時に行えるソーシャルファイナンス系の商品（社会的インパクト投資）の市場は、ここ数年、急増している。

私が営業をしていた時代でも、大和証券が、南アフリカ開発銀行が発行する債券の名称を「ワクチン債」（正式には「予防接種のための国際金融ファシリティ」）に変えたことがある。このとき、売上が10倍くらいになったという。

また、私がいくら営業をかけてもなかなか商品を買ってくれなかった富裕層の顧客に、試しに地球温暖化対策株関連ファンドという商品を提案したら、あっさり買ってくれたこともある。

このように、外的報酬の話をしても刺さらなかった人に対して、相手の内的報酬をピンポイントで満たせるような話を切り出すことで、あっさり成約に至ることは決して珍しいことではない。

課題の伴走者になる

仮説の提示からニーズ喚起、そしてプレゼンに至る一連の流れで私が意識していたのは、答えを断定的に言わないで相手に気づかせることだった。

これはコーチングのメソッドから応用したことだ。

人を動かすことは難しい。いくらメリットを理路整然と伝えても、相手にその気になってもらわないと、なかなか首を縦に振ってはくれない。高額な商品・サービスを扱っているならなおさらだ。

だから課題を認識させるときも、必然性・効用・実現可能性・緊急性を示唆するときも、ソリューションを提示するときも、できるだけ本人が自ら気づくような形にするようにしていた。

そのとき使える万能なフレーズは「〇〇かもしれませんね」だ。

「ここが課題、かもしれませんね……」

「ここが改善されたら、〇〇になる、かもしれませんね……」

こうやって表現を丸くしながらも可能性を示唆することで、押し付けがましさが軽減される上に、「かもしれませんね……〇〇さんはどう思いますか?」とすれば、問いを相手にパスした状態にもなるので顧客本人が思案するきっかけになる。

そこでしばしの沈黙のあと「うん……そうだろうね。いや、絶対そうだ」と言ってくれたら大成功。次回のプレゼン時には「前回、社長がご指摘になったように」と言えるようになる。

また、こうした表現を使うことで、一方的に持論を展開する営業ではなく、その場で一緒に課題解決に取り組む伴走者のような立場になれる。

それが生む信頼感のメリットもとても大きい。

商品訴求営業にはニーズ喚起は不要

本書では主に「課題解決型営業」の話をしているが、世の中には当然「商品訴求型営業」もある。

商品訴求型営業とは、商品そのものが顧客にとって明らかに必要なもの、たとえば必需品や商品に圧倒的な魅力がある場合の営業に多い。証券会社の商品で言えば、富裕層へのＩＰＯ（新規上場株）案件の紹介などがそれである。

商品訴求型営業をするときはニーズが互いに共有できているのでニーズ喚起はある程度でよく、面談時で焦点となるのは、「どこから買うか」「いくらで買うか」といったプレゼンレベルの話になる（実際に初回面談でプレゼンにいくケースも多いだろう）。

商品訴求型営業でヒアリングをする場合のフローは、アプローチ時の担当者に対す

るときのフローと同じで、

①似たような商品を使っているか？
②使っている場合……その商品に不満はないか？
使っていない場合…「使ってみませんか？　なぜなら――」

という流れになる。

静的な情報はニーズ喚起をした後に聞く

予算や決裁者のようなファクトのことを「静的な情報」と、私は呼んでいる。それに対して、状況の変化にともなって揺れ動く、ゴールやニーズ、課題、解決策など、PDCAに関わるような要素を、「動的な情報」と呼んでいる。

たとえば、洋服を買いに行って店員から「いらっしゃいませ。本日のご予算は？」と言われたら、誰しもがその店を飛び出る。

でも、営業の現場では、アイスブレイクもそこそこにいきなり予算を聞く営業が実際に存在する。

おそらくプレゼンのことばかりに気がいって、「予算を聞かないと」「決裁者が誰か聞かないと」と焦っているのだろう。

確かに提案をつくる際には必要だが、それをアポの最初に聞いても大半の顧客は答えてくれない可能性が高い。

本来、こうした静的な情報はニーズ喚起が十分できてから聞くものだ。その段階になれば「いい提案をするために必要な情報」という位置づけになるので、顧客も出し惜しみするようなことはしなくなる。あとはチェックシートでも使いながら一つ一つ聞いていけばいい。

ただし、ニーズ喚起ができていても開示されにくい静的な情報もある。

よくあるのはコンペで競合先を聞き出すようなケース。顧客からすれば言っても得をしない情報なので、基本的に隠そうとする。

そうした情報であっても聞き出す方法がないわけではない。

たとえば、狭い業界で競合先が限られているなら「今回、〇〇社さんにもお声かけされていますか？」と聞けば、相手の反応を見ればすぐにわかる。

もし競合が多くてその作戦が使えない場合は「アサインする担当者の参考にしたいので」とか「他社と提案がバッティングすることを避けたいので」といったように、その情報が提案の質の向上につながることを匂わせる文脈で聞けばいいだろう。

こうしたちょっとしたテクニックも仮説ベースで思いつくことができる。

ニーズ喚起ができるまでプレゼンフェーズに移行しない

ニーズ喚起が十分ではないのに最初のアポで商品プレゼンまで持っていこうとする営業が大勢いる。

扱う商品・サービスにもよるが、金額の高い商品だと、現実的には1回の商談で滅多に決まるものではないし、探り合いの段階でいきなりプレゼンに動くと得られる果実が小さくなりやすい。それこそ金融商品のように価格の幅の大きな商品・サービスだとそれが顕著に表われる。

もちろん、どこまで話を進めるかはアポの前提にもよる。「商品プレゼンをしてほしがっている」という話で紹介された見込み顧客や、テレアポの段階で十分ヒアリングができた場合は、初回でクロージングを狙えばいい（滅多にないが）。

ニーズ喚起をおろそかにしてしまう原因は、プレゼン数を増やすことに意識が向きすぎているケースが多いと感じる。

プレゼン数は確かにKPIとして追うことは重要だが、最終的に重要なのは成約数を上げることであり、プレゼン数と成約率は相反することが多い。

これはウェブマーケティングの世界にたとえるとわかりやすい。

ウェブマーケティングの世界にはクリックレート（CTR）とコンバージョンレート（CVR）と呼ばれる指標がある。

どこかのサイトにインターネット広告を設置して、表示された回数のうち自社のサイトに飛んできた割合がCTR。そして自社のサイトを読んだ人のなかで、サインアップなり問い合わせなりに至った割合がCVRだ。

これをリアルな営業に置き換えると、CTRはプレゼン率であり、CVRは成約率になる。

CTRを上げたい（広告をクリックしてほしい）なら、バナーであればアイドルのグラビアや子犬の画像にするとか、記事広告であれば気軽に読める内容にするといった策が考えられる。

でもそれがあまりに軽いネタになりすぎてニーズ喚起から程遠いものになると、自社のサイト（の真面目さ）とのギャップが大きくなりCVRは下がるだろう。

だから私にとって営業をかけるときにニーズ喚起をサボることは考えられないことだった。私は2度目のアポでプレゼンフェーズに移行することが多かったが、課題と解決策についてお互いしっくりきていなかったら普通に3度目に持ち越していた。

ズレを多少感じながらもオファーできないわけではないけれど、確実性を求めるならオファーしない方がいい、というのが私の結論だ。

ニーズ喚起が十分できた状態というのは、「頼むからその商品を提案してほしい」と思う状態になることだ。低関与型商品ならニーズ喚起は少しでいいが、高関与型商品は買いたい、買わないといけないという気持ちをパンパンに膨らませないといけない。

受付突破が最初の大きな山だとしたら、ニーズ喚起が次に挑む巨大な山。そのあとに続く商品プレゼンやクロージングは、ニーズ喚起と比べたら「丘」でしかない。「目に見えないのでそれでは判断基準にならない」と思うかもしれないが、「まだ少し足りないかな」と不安に思うということは、十分ではないということ。「これでもか」というくらい喚起してから解決策を提示することが重要だ。

⑥プレゼン・検討

改善ポイントとフロー

リスト選定から細かくプロセスを分解してきたが、いよいよ大詰めのプレゼンに入った。どんな営業でもプレゼンプロセスは気合いが入るものだろう。プレゼンについては、この分野だけで多くの書籍が出ているので、資料のつくり方や話し方など、自分がボトルネックだと思う部分があるなら参考にしてみるといいだろう。ここでは、特に重要だと思う部分にフォーカスして解説していきたい。

もっとも大事なことから話せば、「プレゼン」とはあくまでも「相手の課題を解決するためのプレゼン」であるべきで、相手がもっとも強く感じているニーズを解決できることが絶対条件だ。

そもそも、前節でさんざん強調した「ニーズ喚起」とは、顧客が漠然と抱えていた課題が言語化され、痛みを感じたり、興奮したりする状態にすることである。そういう意味で「顧客の課題が明確になっていない」もしくは「ニーズ喚起が足りない」状態でプレゼンをすることは、かかるリソースを考えればできれば避けたいことだ。

むやみやたらと「プレゼン数」というKPIを改善しても、成約数と比例するとは限らないということである。

という前提を踏まえた上で、プレゼンと検討のプロセスの型について見ていきたい。最初のステップはプレゼン準備で、まずはいままでのヒアリングや情報収集で得た情報や前提条件を整理していく。

このとき、顕在化している複数の課題を同列で扱ってしまう人がたまにいるが、課題は優先順位づけをして、「絶対に解決すべき課題」とそれ以外を線引きすることが大事だ。

次はそのソリューションを考え、資料などに落とし込む。業種によってはもっとも知恵を使うプロセスになるかもしれないが、「こんな顧客がこんな課題を抱えているときはこんなソリューションが最適」というパターンは、どんなビジネスであろうと必ずあるし、言語化もできる。

そのパターンを増やすためには、やはり日頃の業界知識の勉強が欠かせない。また、そういった過去の事例をデータベース化している組織は圧倒的に有利なのは言うまでもない。

また、プレゼン資料づくりについても、時間が許す限りPDCAを回すことだ。

実際のプレゼンの順番（プレゼン資料の構成＝話す順番）については、

①（面談時に合意した）課題の復習から始めてニーズを温め直す
②課題が解決された先に辿り着ける可能性のあるゴールの、大きな絵を見せる
③具体的な実行策について話す

というのが、プレゼンの基本の型だ。

たとえば、海外投資のプレゼンをするときの話の順番は、「あなたの保有資産は円が95％を占めており、日本の低金利と財政破綻リスクに備えた国際分散投資の必要性が

ありますね」といった課題の復習から入る。

次に「ハーバード大学は分散投資のお手本のようなポートフォリオを組んでおり、○○さんも最終的にはここまで辿り着けると理想的ですね」とソリューションの方向性を見せ、顧客の関心を引いた状態で「こういった最終形態に近づくために、まずは通貨のところから配分を考えましょう。具体的には円で保有している半分を、ドルに4割・ユーロに3割・新興国通貨に3割振り分けましょう」という具体的な話に入っていく。

最後は相手が検討に入るかその場

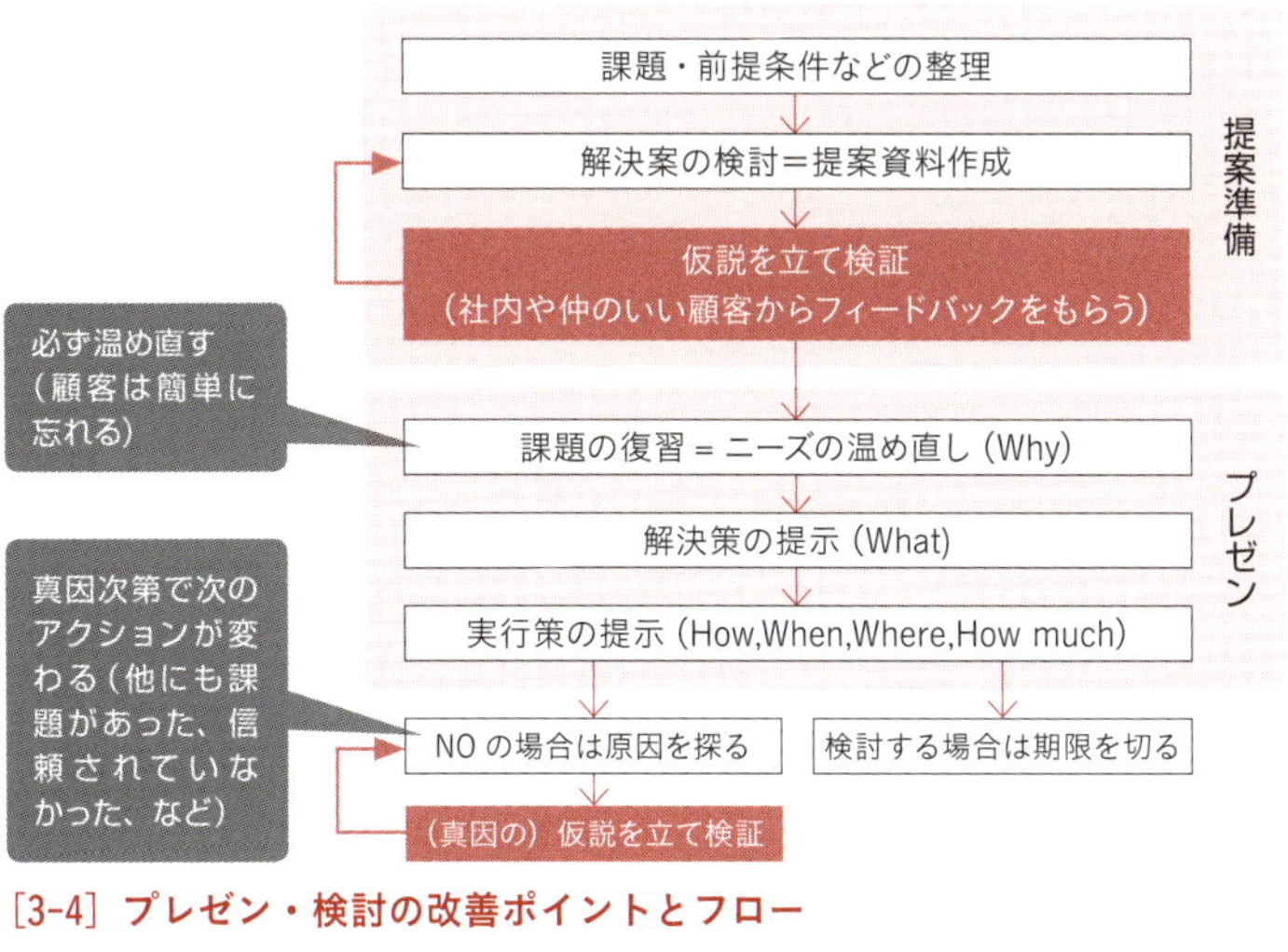

［3-4］プレゼン・検討の改善ポイントとフロー

で回答がもらえるかで変わるが、検討に入るなら回答期限を切ることが基本だ。

もし回答が否定的なものであったら、次回に活かすべく断られた真因について仮説を立て、再挑戦が許されるなら軌道修正を図ってリトライする。

再挑戦できないとしても真因は考えておいて、他の顧客で試せることがあれば試し、早いうちに「断られるときのパターンと対策」として自分やチーム内でストックしていくことが重要である。

プレゼンの基本的な流れ

多くの営業にとってプレゼンのプロセスはもっとも気合いが入るフェーズだろうが、仮説営業ではこの前段階にくるニーズ喚起がもっとも重要なポイントなので、そこさえクリアできていれば、プレゼン自体で大きく失敗するケースは少ない（逆にもし、ニーズ喚起が弱めなままプレゼンに移行する場合は、プレゼンは非常に重要になる）。

また、これも釘をさすようだが、「提案」とはあくまでも「相手の課題を解決するための提案」であるべきで、存在しない課題を解決する提案であってはならない。

さて、プレゼンをするときの流れは次のようになる。

①課題の復習（Whyの明確化）

例：顧客は保有資産は円が95%を占めており、日本の低金利と財政破綻リスクに備えた国際分散投資の必要性がある

②解決策の提示（Whatの明確化）

例：ハーバード大学の運用ポートフォリオのような分散投資の体制をまで目指す

③実行策の提示（How・When・Whereの明確化）

例：具体的には円で保有している半分をドルに4割・ユーロに3割・新興国通貨に3割振り分ける

最初に課題を共有して「なぜ必要なのか？」を示し、次に「何をすべきか」という大きな絵を見せて、最後に「具体的にどうやって」という話をする。

これがプレゼンの基本である。

冷めたニーズを温め直す

前回の面談で顧客の課題を整理して、ニーズ喚起も十分にできたのに、プレゼンの日になったら顧客の気持ちが冷めていることはよくある。

いくら顧客のニーズに最適化したコンサル型営業であっても、相手の気持ちが冷めた状態でプレゼンをしてもなかなか刺さらない。

だからプレゼンフェーズで最初に意識すべきは、課題の温め直しであり、提案書の冒頭、もしくは口頭ベースで「前回、〇〇社長がおっしゃったように、御社の課題は〇〇です」という念押しから始めること。これをやらないと平気で忘れるのが人間だ。

温め直しがいかに重要かは、自分が営業される立場になればわかりやすい。

決裁権を持つ人は総じて忙しい。同時に複数の案件を抱えていて、さらに突発的な事案も起きる。そうやってバタバタとこなす業務の一つが営業とのアポだ。

営業は朝からそのプレゼンのことばかり考えているかもしれないが、プレゼンされる方が「今日はプレゼンを受けるんだっけ」と思い出すのは大抵アポの直前。本当に忙しい身だと、商談が始まってもなお「今日は何のプレゼンだっけ？」と話に集中できないこともある。

だからこその温め直しである。

「こんな悩みを抱えていますよね。大変ですね。辛いですよね。どうにかしたいですよね」であるとか「こうするだけで1年後こんなにいい状態になるはずですよね」と改めて自分の課題を提示されると、「あ、そうそう。うん、悩んでいるんだ」「そうだ、それが理想だったんだ」と感覚を思い出していく。

この一手間は、私にとっては高反発なバネを押し込んでいるような感覚だった。そのバネを押し込めば押し込むほど、その反動で「その解決策はこれです！」と提案を開示するときのインパクトが増すと思っている。

よく自社のフロントメンバーに共有する話だが、「私たちは商品を売っているのではなく、もしかするとサービスを売っているのでもないかもしれない。私たちは『ストーリー』を売っている」と思っている。だからこそ、プレゼンをするときには、それが何回目の商談であれ、必ずストーリーがイメージできるような流れになっていないといけない。商談の際に前回のことなんて覚えていない。だから前回のレビューから必ず始めないといけないのだ。

ストーリーテリングメソッド

ストーリーを売っているからこそプレゼンのときに意識したいのが、ストーリーテリングである。

ストーリーテリングとは、文字通り、ものごとをストーリーで伝えるということだ。人は何かを判断するとき、論理という判断軸（いい・悪い）と、感情という判断軸（好き・嫌い）というものを持っている。当然、「よくて好き」が理想だが、ロジカルな説明だけではそうはならない。

ストーリーテリングは特に、感情面での共感度を高めることが目的だ。

具体的には、ある大手人事コンサル会社は、こんな説明の使い分けをしている。

◉ストーリーテリング……「弊社はかつて組織が崩壊しそうになり、そこで人事の重要性に気づけた」

◉ロジカルな説明……「人事コンサルを入れるべき3つの理由は……」

このような話をすることで共感と納得を同時に得られるのだ。
さて、ストーリーには次の2つの種類がある。

◉課題解決型のストーリー……顧客の現状が、これからどうなっていくかという「未来のストーリー」
◉商品訴求型のストーリー……商品開発の裏のドラマや歴史、過去の顧客の事例などの「過去のストーリー」

一般的に「ストーリーテリング」という場合、後者を指すことが多い。実際、消費財や必需品などを扱う商品訴求型営業でよく使われる。世の中が感情的な判断に偏っているなか、その他大勢の選択肢のなかで即決してもらわないといけないからだ。テレビCMなどはとくにこちらを重視する。ブランドの歴史やイメージ、商品の貴重性などをアピールしている。
とはいえ、課題解決型営業についてもストーリーは非常に大事な要素である。

ユーザーの「なりたい自分」、クライアントにとっての「なりたい会社」と、現在のギャップを結びつけて、課題がどのように解決されていくかをストーリーとして提供するのだ。「この商品・サービスを、このような順番でこういう使い方をすれば理想の姿になれる」とユーザーにとっての明るい未来の話を、現在とつなげて話すのだ。

たとえば先ほど挙げたような人事コンサル企業なら、クライアントの経営者に対して「あなたは、社員がどうなっている姿を見たら幸せですか？」という問いかけから、ストーリーをつくっていくことになる。経営者相手であれば、会社の経営理念や経営戦略から落とし込むのがストーリーにつながりやすい。

また、一般社員向けの営業であれば、出世のストーリーや、上司に認められるストーリー、同期で突出した実績を残すストーリーなどがわかりやすいが、その社員が大切にしている思想や価値観、理想像が聞き出せたのなら、そこに結びつけたい。

実際にストーリーをつくる際には、現状で相手が持っている強みと弱みを分析し、顧客の強みは伸長すべきポイントとして、これからさらにどのように世の中に発揮されていくことになるのか、そして弱みは改善すべきポイントとして、自分たちが関わることによってどのように解決されていくか、という視点でストーリーを整理するとより説得力が増す。

また、ストーリーをプレゼンするときは、そのなかでいくつか「問い」を用意して挟み込みながら行うと相手に伝わりやすくなる。「問い」とは、たとえば「御社が3年後に離職率ゼロを達成するには、いったい何が必要なのでしょうか？」「社員が『会社に大切にされている』と思うときって、どんな瞬間だと思いますか？」といった具合に、ストーリーのなかでの重要なテーマを導き出すものだ。こうして「問い→答え→問い→答え→問い……」とプレゼンを構成していくと、印象的なプレゼンになる。

プレゼンがうまくいった状態とは、次の2つを満たしているようなことを指す。

①プレゼン内容が、「相手が周囲に説明できるくらい」に伝わっている
②プレゼンに相手がワクワクしている

特に①は最低限で、その上で②のように、ワクワクして高揚し、感動している状態にまでならないと人は動かない。だからこそ、ロジカルな説明の上にストーリーの威

力を上乗せする必要があるのだ。

攻めのプレゼン、守りのプレゼン

「オーナー経営者」と「サラリーマン経営者（雇われ社長）」と「担当役員（部長）」。この3者は、大きな権限を持っているという意味では共通だが、置かれた立場はまったく異なるため、刺さる言葉も異なる。私はこの3者で、プレゼンの仕方やプレゼン内容そのものを、攻めか守りか、その中間かというように変えていた。

オーナー経営者に刺さるのは攻めのプレゼンだ。

「これを導入したら他社より先にいけますよ」とか「どこもまだやっていないので、先にやってしまいましょう」といったように、会社がどんどんアップデートされていくイメージを植え付けると効果的だ。相手の目標を聞き、その目標の話をしながら現状への危機感や将来へのビジョンの意識を高めれば、大きな金額のプレゼンも投資と考え、勝負することがある。

オーナー経営者に対して経営課題解決の営業をするのであれば、表面的な課題解決の手順に加えて、そもそも経営課題を解決したいのはなぜなのかという、課題の裏にある動機や情熱を高めた状態で説明するとなおさらよい。そうしてこそ経営者を動かす力が生まれる。

対極的に、担当者・部長クラスは守りのプレゼンがよく刺さる。

彼らの多くは経営者や役員など上の立場から怒られたり、マイナスの評価になったりすることを嫌がる、減点方式の考え方の人が比較的多いので、「他社も導入しているので、このチャンスを逃すと遅れを取るかもしれませんよ」といったようなロジックだと反応がいい。もし評価制度がしっかりしているところだと、その担当者の方の評価項目を上げる話もよく刺さる。

サラリーマン経営者はちょうどその中間と考えるとよいだろう。

彼らは経営判断を任されているとはいえ、結果をオーナー家なり大株主に報告する義務がある。粗相があれば株主総会で経営責任を問われて解任されるケースもあるので、会社を前進させ続けつつも大きなリスクを冒すことには消極的であることが多い。

顧客とは対等な関係である

先日、弊社のメンバーがある会社の役員にプレゼンをするというので、久しぶりに営業の現場に同席した。結論から言うと、私は彼のぎこちないプレゼンの仕方に一種のなつかしさを感じた。あまりに「営業感」が出ていたからだ。私も当初はそうした営業トークらしい営業トークをしてしまっていた覚えがある。話の端々で「ぜひご支援させていただきたく」とか「ぜひ弊社にやらせていただきたく」といった、へりくだった表現のオンパレードだったのだ。

こうした言葉づかいは、実は顧客の決断を左右するほどに、非常に影響が大きい。顧客の立場からすれば、営業感のある言葉を出されると気持ちが急速に冷める。本来、フラットに話を聞いていれば、素直に「買いたい」と思ってもらえるはずのものであっても、営業感・押し売り感が出てしまうと「買ってあげてもいい」とか「わざわざ話を聞いてあげている」ととらえられてしまう可能性があるし、その後の細かい詰めで不利な立場になる恐れもある。

この「営業感」がどれだけ出ているのか、それを見極めるもっとも簡単な方法は、プレゼンの「主語が誰か」を見ることだ。

先ほどのメンバーの例で言えば、

「『我々に』支援させていただきたい」

「ぜひ『弊社に』やらせていただきたい」

という言葉に表れている。

言葉としては謙譲語を多用しているわけだが、実際は「買ってほしい」「契約してほしい」というエゴが伝わってしまう。いくら言葉でへりくだったところでダメなのだ。世の中の営業パーソンは、ここを誤解していることが多い。

私たちは、相手の課題の解決策のためのアイデアを提供しているわけであって、こちらが売り込みたいものを提案しているわけではない。その前提を間違えないようにしたい。

だからこそ、表現としては、少し大げさなほど何度も相手が主語である形でプレゼンをすると相手に想いは伝わりやすくなる。人は、他人の話を言葉の内容だけで聞いているのではない。「相手のために」という気持ちは、精神論ではなく、実際に言動だけでなく「全身」から伝わる。

また、対等な関係を築くという意味で言えば、ある分野のスペシャリストだということをきちんと示し、認めさせることも重要だ。とくに金融や不動産といった情報の非対称性が大きい分野は、世の中のハイエンド層からすると自分が知らない分野であり、立場が逆転する分野だ。だから相手を尊重しつつも、こちらもプロとしての言動が求められる。できれば顧客から「先生」と呼ばれるくらいの存在になると、主導権を得やすくなり、また受注する可能性も高くなるし、受注金額の桁も変わってくるだろう。

プレゼン後の「ターゲットインタビュー」

「どんな話の展開をしたら相手がワクワクするのか」

「どんな仕草や話し方をしたら説得力が増すのか」

前者は「中身」の話で、後者は「伝え方」の話だ。

プレゼンはこの2つの因子で構成されている。

両者を突き詰めていくことが、刺さるトークの精度を上げることにつながるわけだが、難しいのがその検証だ。

同僚を相手に模擬プレゼンをして精度を磨いている人もいるだろう。模擬プレゼンをすれば、「目線が泳いでいる」とか「声が小さい」とか「ちょっとした仕草が気になる」といった伝え方の改善にはつながる。

でも、中身がそれでいいのかは、大ベテランなり、仮説営業を日頃から実践している同僚でないと判断しづらい。何よりターゲットの相手ではないし、その分野の課題認識も顧客のそれとは大きく違うので、検証できない部分も多いのが実情だ。

だから私は親しい顧客に対して新しい金融商品などをプレゼンすることがあったら、プレゼンを一通りした後に「いまの話、刺さりましたか？」とか「今日の話でわかりづらかった点はありましたか？」と確認するようにしていた。

PDCAのC（検証）において、本人から直接もらうフィードバックほど精度の高いものはない。

やっていることはサービス開発におけるターゲットとなるユーザーインタビューとまったく同じだ。

ユーザーインタビューは、サービス提供者がよかれと思ったことが相手にとっては重要ではなかったり、課題を見落としたりすることを防ぐために行われるものだ。「このサービスなら絶対に満足してもらえるだろう」と過信してユーザーの声を聞かずにサービスをつくり込んでしまった事業の9割以上は失敗に終わると言われるほど、サービス開発において重要なプロセスである。

「営業の型」も一種のサービスであり、一方的に型化できたと過信するのは大きな勘違いにつながりかねない。

未来の営業職はコーディネーター的存在になる

ここでもう少し本質的な話に入ろう。

先日、知り合いのベテラン証券営業の女性の方が「私の仕事の価値はコーディネートをすることにある」と言っていた。

とても的確な指摘だと思う。

たとえば家具一式を買い揃えるときに、ネットを開けば私たちは価格を比較しながらさまざまな家具を買うことができる。でも、部屋のインテリアコーディネートは本人がしないといけない。家具の一つひとつは魅力的でも、和風とモダンが混ざっていたり、全体の統一感がなかったりすると部屋の印象はよくならない可能性がある。

何が言いたいかというと、「部分最適」だけでは顧客の幸せを実現できないということ。

大事な視点は「全体最適」だ。

営業という仕事をしている限り数字は追い続けないといけないが、「売れればいい」という考え方は、私は嫌いだ。「売ったことで顧客の抱える課題が解決されることが目的」と考える営業の方が、絶対に価値があるし、きっと顧客からも信頼されるはずだ。

そして全体最適を目指すとなると、感情も加味したものになる。その仕事は人間だからこその価値なのではないだろうか。

たとえば、資産運用の世界では、「ゴールベース資産管理」という手法がアメリカを中心に普及している。「資産運用は人生の目的を達成するために行うものである」ということを前提にしているので、「あなたの人生の目的は何ですか？」という質問からヒアリングが始まるのが特徴だ。それを聞き出したら、その目的から逆算してどんな資産運用が最適なのか考えていくアプローチを取るが、そもそも人生の目的のような本音は、人間同士の深いコミュニケーションと信頼関係があるからこそ、出てくるものだと思う。

これもまさにコーディネートそのものであり、理想的な営業の姿の一つといえるだろう。

顧客の課題を個別に解決するだけでなく、それが最終的にどのように顧客の将来を変えていくのか、という全体の視点を備えたストーリーを持つことこそ、次世代の営業に求められている視点なのだ。

検討期間は必ず期限を切る

先ほど人の心はすぐに冷めると書いたが、当然、プレゼンをし終えたあとも人の心はすぐに冷めるので、プレゼンが終わって「社内で検討させてください」と言われたら、必ず期限を切るようにしたい。

期限を切り、プレゼンに希少価値を持たせることが、相手のよい結論をスピーディーに引き出すポイントである。

金額の大きな案件であれば、いくら経営者に直接売り込んでも社内（もしくはご家庭）に持ち帰りになる可能性は高いし、それは仕方のない話だ。そこを無理やり「いま決めてください」と決断を迫るのは明らかなマナー違反になる。

でも、そうかといって期限を決めないと、いつまで待たされるかわからないどころか、月日とともに気持ちは冷めていくものだ。1週間経ったら提案した際の半分くらいしか相手のなかに気持ちは残ってないと思うくらいがちょうどよい。

だから、プレゼンが終わった段階から、1秒経つほどに成約率は下がっていくと思った方がいい。

目安としては金額が小さな案件であれば3、4日。金額が大きいなら1週間くらいがちょうどいい。「明日お返事いただけますか？」だと、あまりにがっついている悪い印象を残すし、2週間も空けるのはやりすぎだ。

大企業で月に1回しかない稟議を通さないと答えが出せないというケースを除けば、情報収集や社内調整で2週間もかかることはない。

ただ、その場で決めてもよさそうなのに「検討します」と言われたら、それはていのよい断り文句の可能性がある。

「上に確認します」に隠された2つ目の意味

時間をかけてプレゼンをした後に先方の担当者から「じゃあ、上に確認します」と言われるときほど悲しいものはない。

いままでの時間は何だったんだと思ってしまう。ただ、こういった相手の時間を考えない担当者が多いのは事実だ。

決裁者が上のレイヤーにいる案件なら、ヒアリングもプレゼンもその決裁者と直接やり取りしないと「プレゼンしたレベル」とは言えない。

決裁者が誰なのかという情報はそもそも静的な情報のヒアリングでしっかりと聞き出す必要があるし、それがわかった時点で「じゃあ、社長（担当役員）とお話をさせていただく時間をいただけますか？」とはっきりと依頼すべきだ。こちらは相手の課題を解決してあげようとしているわけだし、プレゼンをするのもコストがかかっているわけだから、何も下手に出る必要はない。

とはいえ、上の同席を求める以前に、担当者としっかり信頼関係を構築しておく必要がある。「この営業、大したことないな」とか「どうせろくな提案が出てこないだろう」と担当者に思われてしまうと、そんな営業のために御大将の時間を取らせるのはもったいないし、商談に呼び出した自分が後で怒られることを恐れてしまうのだ。そんな文脈で使われる「上に確認します」は断り文句だ。

ファーストコンタクトの段階で相手の課題を的確に見抜き、「この営業は他とはちょっと違うな」と印象づけることがいかに重要になるかという話である。

ただし、少し厄介なケースも存在する。

それは提案の内容が、担当者のこれまでの業務のやり方や方針とズレがある場合で、こうしたときは仮にこちらの提案内容が客観的によいものであればあるほど、担当者ができていなかったことを明るみに出すようなもので、担当者が上司にその案件を上げにくくなる。すると、このときも同じように「上に確認します」の一点張りを貫き通すこともある。

このような状況になったら、もはや提案の正当性とか価格の妥当性といった話はどうでもよくなる。唯一のネックは担当者のメンツだ。こういったタイプの担当者は決して少なくないのが実際だ。

だから実はコンサルティング能力が高く、なおかつプライドの高い営業ほど、このような障壁にぶつかると意地の張り合いになってしまい、無意味な消耗戦にはまってしまう。これは生産的とは言えない。

こうした膠着状態を抜け出すためには、こちらが言い方を変えるしかない。

具体的には、プレゼン内容について「やって当然です」という言い方を避けて、「いまの段階でやっていないのは当然ですよね」という前提で話を進めるなどするといい。

たとえば、ウェブマーケティングの提案を、何も施策を打っていない担当者の元に持って行くのであれば、「まずは経営基盤を盤石にすることが大事ですからね。わかります。でも、そろそろブランディングも大事になってくるフェーズですよね」と前置きをしておけば、担当者のメンツを潰さずに済むし、なおかつ上のレイヤーが打ち合わせに参加する意味合いを高めることになるだろう。

これと逆のケースである「下に確認します」、つまり経営者に話した後に「現場に近い役員（部長）に話してほしい」というのも気をつけた方がいい例だ。

新規事業の提案や、継続型で金額の大きいサービスの導入の際に起こりがちなのだが、経営者に話を通してGOサインをもらって安心していたら、経営者の下の役員や、そのまた下の部長レベルなどで、いつの間にか話が止まってしまい、成約にこぎつけないことがよくある。

「経営者がGOと言っているのになぜ進めてくれないんだ！」と憤慨していても話は進まない。この場合も相手の事情をきちんと汲み取る必要がある。

経営者と役員、そして部長、その下の担当者では、見えている世界が違う。

経営者は特に長期的な時間軸での話を好み、そうした提案が通ることが多い。たとえば1年後、2年後といったスケールを見据えた新しい施策である。

ここからレイヤーが下がるにつれて、どんどん近視眼的になる。これはその担当者がいい・悪いという話ではなく、単に任されている業務の違いによって生まれる傾向だ。

役員であれば、半年後の決算までの既存事業の成り行きに目が行きがちであったり、部長クラスは部門の月間予算の達成に焦点が合っていたりする。だから、経営者から下りてきた話であっても、場合によっては優先順位を下げられてしまい、処理を後回しにされてしまうことがあるのだ。

このあたりを頭の隅に入れつつ、経営者や役員、部長のニーズが合致しているかを確認し、もし合致していないのであれば、それぞれに合ったストーリーテリングを実施して進めてもらうことが大切だ。

クロージングで失敗する5つの原因

ヒアリングを丁寧に行い、時間をかけて提案書をつくったのに、クロージングで失敗するケースは当然起こる。

失敗を次回に活かすために大事なことはその原因分析だ。
クロージングで失敗する原因は5つ考えられる。

① ゴールのズレ

顧客の「ありたい姿」を読み間違えたケース。こうしたそもそものレベルでズレが生じるのは、数を打てば当たるスタイルの営業がほとんどだ。

② ゴールと課題のズレ

顧客の「ありたい姿」に近づくために設定した課題が、実は課題ではなかった、もしくは優先度の低い課題であったケース。

ヒアリングとニーズ喚起に時間をかけているならこのケースは滅多に起こらないが、起きたとしたら言語化されていない隠れた課題がある可能性がある。

③ 課題と解決策のズレ

課題は合っているが、解決策が的外れだったり、相手が望んでいなかったりするケース。特に相手が望んでいないケースはよくある。動的情報のヒアリング不足が原因。

④ 解決策と商品・サービスや諸条件のズレ

解決策の大筋は合っているが、具体的な商品や仕様・価格・納期などの細かいところで折り合いがつかなかったケース。これは静的な情報のヒアリング不足が原因。調整可能な範囲であれば再提案すればいい。

⑤ 信用不足

プレゼンは完璧でも、そのもっと手前の段階で「この営業は信用できない」「一緒に仕事をしたくない」と感じているケース。これは信頼関係の構築不足が原因なのでアイスブレイクからやり直す必要がある。

⑦紹介

改善ポイントとフロー

自分の代わりに顧客を探してくれる紹介営業というと、政治家ばりのフットワークの軽さでとにかくいろんなところに顔を出して「興味がありそうな人がいたら紹介してください！」と一方的に要求して回るイメージがあるが、それだとたまに紹介で顧客を獲得できるとしても時間効率は最悪だ。

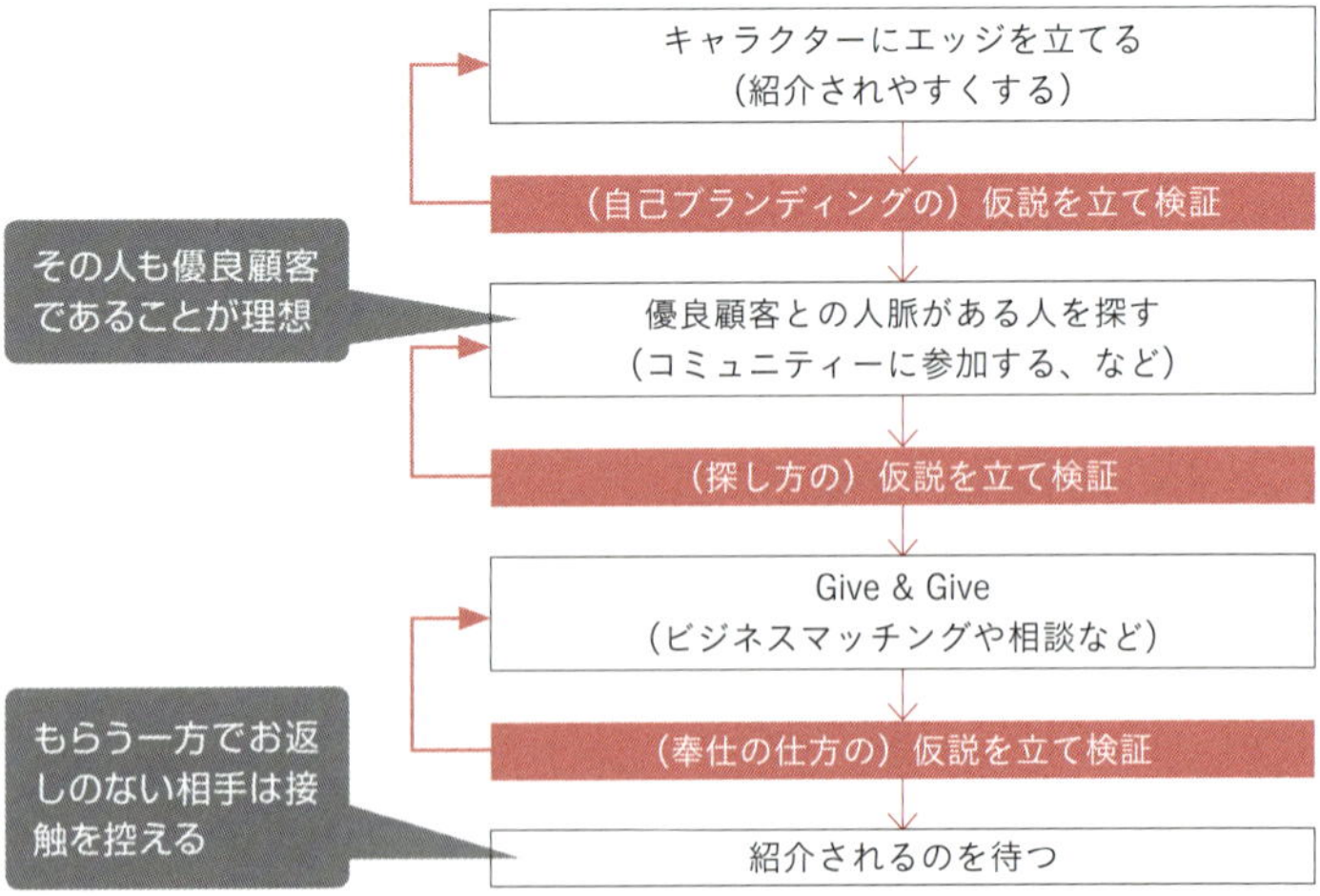

[3-5] 紹介の改善ポイントとフロー

だから私は紹介営業でも仮説を立てながら、常に最大効率を考えてやっていた。野村證券での営業時代、私は合計50名を超える経営者や富裕層を紹介され、その中の約30名ほどが顧客になった。また、そのなかの数人は私の大手顧客にまでなった。当時の私の紹介営業のプロセスを抽象化して右の図にしてみたので参考にしてほしい。

紹介の連鎖のつくり方

私が入社1年目のときに10人以上の経営者を紹介してくれたＩＴ企業の経営者がいた。そこには何の金銭授受もなく、純粋に「応援したいから」という理由だった。時間の足りない営業パーソンにとって、このように紹介されるケースほどありがたい話はない。

そして紹介が起こる仕組みは、意図的につくり上げることができる。

そのポイントを3つにまとめてみた。

①エッジの効いた「自分ブランド」を確立する

人が誰かを紹介するときの動機にはどんなものがあるかを考えてみると、人間的に好かれていることは前提としてあるが、それ以前に紹介に値するかどうかがクリティカルになる。

たとえば、いくら性格がよくても営業としては半人前の人間を友人に紹介したいと思うだろうか。「めっちゃいいやつだから1回会ってみてよ」という紹介の仕方は「お願い」だ。地元の面倒見のいい先輩などならそこまで骨を折るケースもあるだろうが、ビジネスの世界でそこまでしてくれる人は滅多にいない。

だから自分を紹介してほしいなら、「わかりやすい修飾語または形容詞」をつくることが肝心になる。

「○○なやつがいるんだけど、会ってみる？」と紹介者が知人にあなたの話をしたときに、相手が「いいね！」と思ってもらえるようなブランディングを日頃からしておくことだ。

そのとき、営業本人はその場にいないケースが大半なので、なおさらその修飾語や形容詞が重要になる。

ビジネスにおいて、その修飾語や形容詞は次の4つの因子のどれかにひもづくだろう。

人、モノ、金、そして情報だ。これを念頭に置いて、どんな修飾語や形容詞が刺さりやすいのかパターンをいくつか用意するといいだろう。

たとえば私の場合は次のような紹介のされ方をするケースが多かった。

「金融知識が豊富で資金調達や税制対策に詳しいから会ってみない？」

「経営者ばかり開拓している子で、人脈がすごいから会ってみない？」

「大学時代にＩＴで起業していて、ＩＴ業界や周辺に詳しいので会ってみない？」

1番目は「金」、2番目は「人」、3番目は「情報」としての価値を示している。

修飾語や形容詞はエッジの効いたものの方がいい。

ただ、あまりに自分の特徴をたくさんアピールすると印象がぼやけるので、名刺交換をするタイミングでは自分は何ができるのか、何の専門家なのか、どんな独自性があるのかということを1つや2つに絞って伝えるといい。

もしいまの自分に紹介されるだけの価値がないと自覚しているのであれば、たとえばネットワークを持っている人を紹介できるとか、会社のデータベースにアクセスできるので有益な情報を提供できるといった、外部の価値を使う古典的な手法も有効だ（もちろん、露骨に虎の威を借る狐状態になると相手に見透かされるので注意）。

いずれにせよ、自分をブランディングしているかどうかで紹介率はまったく変わる。交流会などで名刺交換をするときに「野村證券で営業をしている冨田です」と言ってもただの証券マンという薄い印象しか残せないが、その後に一言「事業承継のスキーム構築を年間20件くらいこなしています」と付け足すだけでエッジが立つ。その会場にリタイアを考えている経営者がいれば、名刺交換した人が後で紹介してくれるかもしれない。

ここはかなり重要なポイントだと思っていて、多くの人はこのような名刺交換の場で、「こんな人がいたら紹介してくださいね」と言ってしまう。

会話を終わらせるときに都合のいいセリフであることは確かだけど、営業手法としてはかなり雑だ。

自分からわざわざ紹介してくださいと言わなくても、自分の強みをズバリ相手に印象づけることさえできれば、向こうから声がかかることが多いのだ。

②紹介の基本はGive & Give

紹介されたいなら、まずは自分が誰かを紹介すること。これも基本だ。

一方的に紹介されるだけの間柄では、いずれ「失礼なやつだ」とレッテルを貼られかねない。

特に経営者や富裕層のコミュニティーでは、基本的に2人紹介したら最低1人は紹介されるというのが暗黙のルールのようになっているといっても語弊はないだろう。たとえば私がA社長に経営者2人をビジネスマッチングさせたとしたら、通常、A社長は新しい見込み顧客を1人紹介してくれることが多い、ということだ。

私がある経営者に誰かを紹介するときは、同格の人物を紹介することを基本にしていた。上場企業の経営者には上場企業の経営者を。中小企業の経営者なら中小企業の経営者を、というように。自分が紹介される立場だとしたらどう思うかというところから逆算した、せめてもの礼儀として行っていたことだ。例外的に、「どうしてもB社と接点を持ちたい」という経営者がいたら営業部長クラスを紹介することもあった。価値が十分あれば、それでも構わない。

要は、むやみに紹介すればいいわけではなくて、紹介したことで「富田君には借りができた」と思ってもらわないと意味がないのだ。

ちなみに、ごく稀に、こちらの人脈を使ってさんざん人を紹介したのに、相手からは一向に紹介してもらえないケースもある。そんなときは暗黙のルールを知らない人だと判断して、それ以上紹介することはやめればいい。

③ 優良顧客の人脈を持つ人を攻める

太い取引先になってくれる可能性の高い優良顧客に営業攻勢をかけるのは当たり前のことだが、本人が優良顧客ではなくても、「優良顧客の人脈を持っている人」を見つけることができたら、私は場合によっては優良顧客にダイレクトに営業をかけるときより、時間と手間をかけていた。

1人を味方につけるだけで、5人、10人と紹介してもらえる可能性があるからだ。

理想は優良顧客でなおかつ人脈を持っている人だ。

私が入社2年目に上場企業のオーナー経営者を集中的に開拓したのも、大きな資産を持っているだけではなく、幅広い経営層や富裕層へのネットワークを持っているからだった。

当然だが、彼らはハードルが高い。だから最初から諦める営業も大勢いたが、実際にはそのオーナー経営者のなかで特に業界に影響力を持っているような人をたった1人でも突破できれば、そこから横に広がっていくのである。

以上3点の考え方を紹介の連鎖のつくり方として挙げたが、要するに顧客にとって唯一無二の価値を発揮すれば自ずと紹介が広がるということだ。直接的に営業実績に入らないようなことでも、顧客のために動くことの積み重ねで、そのポジションは確立されていく。ある意味それは数字にコミットしている営業パーソンとしては非合理的に映る行動かもしれないが、だからこそ他の営業パーソンと差別化できる。

毎月の数値を達成しなければならない緊急・重要タスクに追われやすい営業にとって、紹介の仕組みづくりのような緊急・非重要領域を仕込んでおくのは、後からジャブのように効いてくるようになる。

そしてさらにそれを瞬間的にではなく、継続的に努力することによって、他を圧倒できる価値を示せる。顧客の「現時点のみの課題」と「時系列に沿って追っていくべき課題」では、後者の課題の方が解決したときの最終インパクトは大きい。だからこそ後者に関わりながら、ひとりの顧客との接触履歴を貯めていけば貯めていくほど、それは換えがたい価値になるのだ。

そのためには自分自身をアップデートし続けることが重要だ。顧客にとって新しく起こる問題に対して対応できるようにするために、どんどんと引き出しを増やしていかなければならない。

人脈構築には、お金と時間がかかる。しかし一昔前と比べれば、SNSがある分、他人の人脈を把握したり予想したりすることができるようにはなり、人脈を広げるスピードが上がる時代になっている。また、評判が広まるスピードも速くなっているので、実力を示せれば、その結果がすぐに周囲からの評価につながるようになった。一方、自分に関しての情報も周囲に知られることが多くなったので、うかつな言動をしているとあっという間に信用が地に落ちる。

営業パーソンとしてのスキルアップは、つまるところ日常生活でのマナーやモラルの向上だ。課題発見・解決能力とは、「周囲の人にどれだけ自分は役立てるのか?」「結果にシビアでありながらも、損得を超えた行動をどれだけ取れるか?」という人間性に行き着く。このようなスピードの世の中になったからこそ、ここを磨けば人脈や実績などは簡単に後からついてくるのだと考えておこう。

第4章

営業として加速度的成長を果たすための思考と行動

螺《ら》旋《せん》階段

ここまでは営業をプロセスに分け、仮説を立てながら検証していくことによって、いかにして経験を型化し、営業の精度を上げていけばよいのか、具体的な方法について紹介してきた。

これらの内容を一通り理解し、実際の自分の営業において各ステップを見直したとき、すでに多くの平均的営業パーソンよりも、営業という仕事についての理解は圧倒的に深まっているはずだ。

しかし、それでもなお、トップセールスの7割の実力にしかなっていないと思う。

その残りの3割を埋めるものは、「継続」である。

仮説と検証を1周だけ行うことにさして意味はない。そのループを繰り返すことによって、倍々ゲームのように成長が早まっていくことが、本書で紹介した考え方の真髄だ。

だからこそ、ここからはその絶え間ない仮説・検証ループによる改善をどのようにして継続していけばよいのか、ということを紹介していきたい。

よく若手の営業パーソンから相談されることの一つに「このまま営業という仕事を続けていていいのかわからなくなってきた」という話がある。

誰しも、日々夢や目標に対して向かっているなかで、同じ場所をぐるぐる回っていてまったく前に進んでいないのではと感じたことがあるはずだ。

その際、進んでいないと感じるもどかしさから、落ち込んだり、モチベーションを落としたりする。

自分の成果や進化が感じられないときに、そのように思うのは人間として当然だ。

ただ、それは果たして本当だろうか？

本当に進んでいないのだろうか？

私はそう考えない。

それは「螺旋階段」なのではないかと思う。

本書では仮説と検証のループについて説明してきた。これは1年も実践し続けていれば劇的な変化を感じるはずだが、日々を切り取ってみると、地味な1日の繰り返しでしかない。

いきなりこれまでの10倍、１００倍の案件が決まるわけではない。1%、2%、そうした桁の調整を行い続けるわけだ。

また「仮説思考」とかっこよく言っても、実際に思考している時間はほんの一部で、9割方の時間は身体を動かし、口を動かす、行動によって成り立っている。

そしてその「同じ日々の繰り返し感」は、意志の強い、達成したい夢のレベルが高い人ほど、感じることが多い。

なぜなら、人よりも「反復」を徹底して行うからである。

これは営業で言えば顧客とのアポ取り・ニーズ発掘・プレゼンといったことへの修正の繰り返しを指す。夢や目標を達成する過程は、このように地味な作業の繰り返しであることがほとんどだ。

メジャーリーガーのイチロー選手の以下のような有名な言葉がある。

「小さなことを積み重ねることが、とんでもないところに行くただひとつの道」

いま自分にできること。頑張ればできそうなこと。そういうことを積み重ねていかないと、遠くの目標は近づいてこない。

一つひとつの歩みはあまりにも小さく、ときには「自分は進んでいるのか？」「この道は合っているのか？」「これって本当に自分がやりたいことだったのか？」と、いろいろな迷いが生まれるかもしれない。

ただ、一つだけ、確かなことがある。

それは、「間違いなく1段ずつ、そして1階ずつ上がっている」ということだ。

「景色が似ているので気づかない」かもしれないが、正しく頑張っていれば必ずそうだ。

そして近いうちに久々に下を見る機会に出合ったときに、「自分はこんなに高いところまで来たんだな」と気づくはずだ。

成長は「2乗」で起きる

一見地味な仮説と検証を繰り返すことによって、人は加速度的な成長速度を手に入れることができる。

それは確かに、技術やノウハウの改善の積み重ねの結果、一つの案件の成功率が飛躍的に高まるということを示す。

しかしその積み重ねはさらにもう一つ、別の角度での成長の加速も引き起こす。

努力の結果、少しずついい成果が現れるようになると、ときおりいままでの自分では出合わなかったような、1ランク上の仕事を紹介されたり、任されたりするようになってくる。


それは一見、いままでの自分では達成が困難であるように思えるはずだ。

たとえば、身近な例で言えば、「社内でも上の役職の人間しか担当してこなかったような大口の案件を任される」であるとか、大きなところでは「英語を話せないのに、海外の営業所に出向しないかという相談を受ける」といったことだ。

惰性で仕事を行ってしまっていると、こうした転機に対して、「いやいや、私みたいな者がそんなお仕事なんて」と、ついひるんでしまう。

しかし、努力と改善を積み重ねた人間であれば、自分の成長を信じてその難易度の仕事を引き受けることができる。これはとても大きな分岐点だ。

というのも、実際に1段階上の仕事を受けると、これまで見えてこなかったような、新たな自分の短所や長所、そして課題が見えてくるようになるからだ。すると相対的に、以前よりも量も質も高い努力を重ねることになる。

私はといえば、入社1、2年目のころと3年目以降のころとでは、担当する顧客は大幅に変わった。世界レベルの富裕層を相手にするとなると、それまで気づかなかった証券・金融の知識の甘さや、経営・ビジネスに関する自分の視野の狭さに愕然とさせられた。しかし、だからこそ、そうした勉強に対して人一倍真面目に取り組むことができた。

いつしかそれが普通になると、もはや自分自身のレベルが上がっている。そしてさらにまた上のレベルの仕事が紹介されるようになるのだ。

継続した努力は、こうして「2乗」の意味での加速をもたらしてくれる。

「魔の2年目」と言われるわけ

営業の世界には「魔の2年目」という言葉がある。

1年目は順調に新規開拓ができていたのに、2年目に急ブレーキがかかる現象のことだ。私と仲のよかった同期の営業は、初年度は全国の同期のなかで3位の好成績を残したが、2年目で急に契約が取れなくなり、それを重く抱え込みすぎて本格的なスランプに陥り、3年目で退職してしまった。

なぜ彼は2年目で急ブレーキがかかったのだろうか?

その理由は、量と質の関係で説明できる。

野村證券では初年度の新人に求められることは新規開拓と預かり資産増加だけだ。だから質が多少悪くても、気合いと体力で誰よりも量をこなせば、ある程度の結果は残せる。

しかし、そこで出した結果に比例して、2年目からは既存顧客の対応に追われるようになる。すると喫緊の課題は既存顧客の要望を満たすことになるので、新規開拓が後回しになる。訪問件数が減るのはもちろんだし、見込み顧客の管理も煩雑になる。結果、営業成績ランキングの上位から消える。

当たり前の話だが、売れる営業がよく直面するジレンマだ。

こうした事態を避けるためには、量だけで結果を出せていたとしても、1年目のうちから質の改善を意識的に行わないといけない。

それは自分の時間を効率的に使うためのPDCAかもしれないし、リストの質を上げることかもしれない。

そうやって量と質の両軸の改善をしていかないと、既存顧客が増えたり、もしくは部下を持ったりしていままで通りの量をこなせなくなったときにオーバーフローしやすい。

また人間的信頼関係重視で開拓を続け、ビジネス的信頼関係の方のスキルが磨かれていないと、新規開拓まではできても、その後の大きな、深い取引に発展させていくことは難易度が高い。

私の2年目は、新規開拓をおろそかにしないために「水曜は新規開拓デー」と自分で勝手に決めて新規開拓に励むようにしていた。その日だけは既存顧客から電話がかかってきても、よほど緊急な話ではない限り折り返さないくらいだった。

集中して行うのにはわけがあった。

勉強をするときもそうだが、何か別のことをやろうとするとき、人にはウォームアップの時間が必要になる。集中のスイッチが入るためには30分くらいかかるという話を聞いたこともある。その点、一日中新規開拓をするなら作業が小間切れにならない。

限りある時間を最大限有効に使うために考えた型だった。

定期的に思考を言語化する

講演などをすると、若手の営業からたまに「どうやったら短期間で成長できますか?」と聞かれることがある。

それに対しては「インプットとアウトプットを繰り返すこと」としか答えようがない。

業界の知識を学んだり、コミュニケーションテクニックを本で読んだりする定期的なインプットは多くの人がすでに実践しているはずだ。

でも、定期的にアウトプットしている人には滅多に会わない。

たとえば本で学んだ知識や先輩に教わったことを現場ですぐに使ってみるのも立派なアウトプットだ。たまに思い出せなくてしどろもどろになるけど、定着したかの検証で行っているだけなので気にすることはない。その点、テレアポや飛び込み営業はアプローチ件数が多いわけだからアウトプットのチャンスはいくらでもある。

私は現役時代、課題があったら因数分解していたと書いたが、因数分解もまさにアウトプットだ。

営業の型、経営課題の型、課題ごとの解決策の型、性格の型。こうしたものを何回マインドマップで分解したかわからないくらい何度も何度も分解した。マインドマップだけではなく、手帳にも殴り書きした。

分解とは思考を深掘りすることだ。

そして深掘りするからこそ、いままで気づかなかった課題が見え、課題が見えるから解決策をひねり出そうとする。

この本では私が実践していた細かいテクニック的な話も盛り込んだが、それらはすべて私が実際に壁に直面したときに課題を分解して、仮説を立てて実験してきた結果だ。だから、100%わからないからと言って深掘りを止めることはないし、むしろわからないときこそ深掘りをすべきだと思っている。

ここに1枚のマインドマップがある。

自分の課題を見つけるために、社会人3年目の7月の3連休に母方の実家のある長野県の長野駅前のスターバックスで4、5時間かけてつくったものだ。人はあまりに忙しいと目の前のことに専念してしまうけど、このようにある程度、体系立てながら因数分解していくと自分を俯瞰できる。そう思ってつくったものの一部だ。

こうして振り返ってみると非常に粒度が粗い。でも、それでいいのだ。

自分なりに分解してみる。それが当たり前になる。新しい課題に直面する。さらに細く分解してみる。こういったプロセスを繰り返すのが仮説営業としての成長の仕方でもあると思う。

人のモチベーションが著しく下がるタイミングとは、課題がわからないときか、課

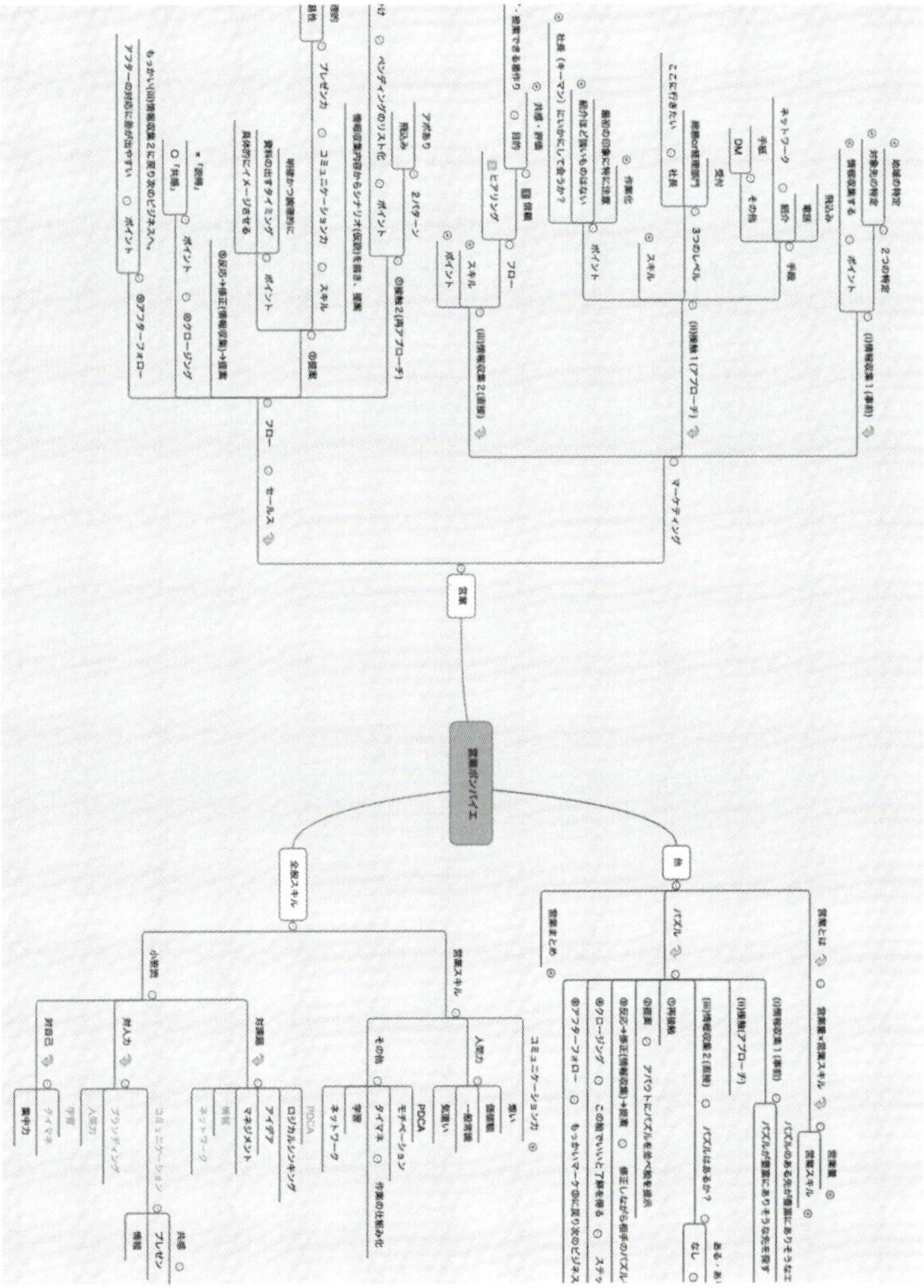

[4-1] 前職時代に作成していたマインドマップ

題がわかっても打ち手がわからないときと相場が決まっている。契約が取れなくて一瞬凹むこともあるが、それは大した問題ではない。

五里霧中に陥ったときが本当に辛いのだ。

それを防ぐためには絶えず問い続けることが必要であり、思考の言語化はその有効な手段になる。

成長につながらないものに時間を割かない

営業の仕方にはさまざまなものがある。

同期の１人はしゃべりが苦手だったので、それをカバーすべく週末に高級住宅街を回って、朝から晩までＤＭのポスティングをしていた。

先輩の１人は高齢者の開拓が得意で、担当エリアの喫茶店を一日中回遊し、年配の常連客と仲良くなってから契約を取っていた。

別の先輩は驚くほど達筆で、それを営業に活かすべく、会社にいるときはいつも巻き紙に手紙を書いていた。

昼はネットカフェで仮眠をして、朝駆けと夜駆け（相手の会社の前で、経営者が出社または退社するのを待ち伏せすること）に全労力を傾ける同期もいた。

私も新人の頃、ＤＭのポスティング、高齢者開拓、巻き紙営業は一通りやってみた。

でも、自分の時間を切り売りする感じに違和感を持ってメインにすることはしなかった。

というのも、手紙をひたすら書いている時間も、足を棒にしてポスティングしている時間も、会社の前で経営者の出社を待つ時間も、自分の能力が高まるわけではないからだ。

手紙だと少し字がうまくなるかもしれないが、営業成果との因果関係は限られている。

それに一時的に契約は取れたとしても、偏った営業スタイルだとパイの一部しか取れないし、トップセールスになれるわけがないと思ったのだ。

だから私は手紙を書いたりする時間を捨てて、顧客の情報収集と仮説構築、金融知識の勉強や業界の研究、そして、ここが一番重要だが、日々の振り返りに時間を割いた。字のうまさでは先輩に勝てないかもしれないが、成長速度だけは絶対に負けないようにしたのだ。

そうすると、Y＝aXでなく、Y＝aX^2のような加速度的な成長フェーズに入りやすくなる。

苦手な分野は理論武装すればいい

誰しも苦手な分野を持っている。

そこから逃げるのも一つの手だが、苦手なら意識的に理論武装をして「好きではないけど、なんとかなるレベルにしておく」という姿勢の方が私は好きだ。

たとえば、初対面のときにいつも緊張するので飛び込み営業が辛いというのであれば、初対面でなんとかなるレベルになるように何かしら鉄板トークのネタを持てばいいと思うのだ。

私は27歳のときにウェルスマネジメント（資産管理）のことを学ぶため、シンガポールのビジネススクールに留学した。ただ、半分は仕事も兼ねていて、東南アジア諸国の金融機関の幹部、現役プライベートバンカー、そして富裕層とのネットワーク構築という重要な使命を担っていた。

とはいえ英語を流暢にしゃべれなかった私は初対面で自己紹介をすることが苦手でしょうがなかった。

でも自己紹介をしないとネットワーク構築は望めない。

そこで私は留学して間もないある週末、自分のあらゆることについて一方的に説明できる自己紹介文を書いた。

いま風に言えば起業家が30秒間でビジネスモデルをプレゼンできるようにするという、エレベーターピッチを考えるようなものだ。

ただし、私の書いた「台本」は、最初から最後までしゃべれば15分かかる長文だ。仕事のことやプライベートのこと、自分の過去や目指す夢。初対面のときに相手から聞かれることがあった質問をすべて網羅するくらいの気持ちで台本を書き、ネイティブチェックもしてもらい、丸暗記した。

これをつくったおかげで名刺交換の心理的なハードルは劇的に下がった。

15分しゃべり続けることはまずないが、想定問答集をつくっていたようなものなので、どんな質問にもすぐに答えられた。

初対面の鉄板トークくらいなら、本やネット記事を本気で調べればいくらでも調べられる。過去にうまくいった自己紹介のケースの振り返りもして、最適と思われるものを組み合わせれば、半日かせいぜい1日もあればできるはずだ（ここも仮説ベースでいき、反応を見ながらブラッシュアップしていけばいい。仮説営業においてあらゆる言動は「検証」のために行うものだ）。

でも、実際、多くの営業はそれすらやらない。

サザエさんを観ながら「あぁ、明日からまたテレアポか」と憂鬱な気分になるか、もしくは「ストレス発散」と称して思いっきり遊びたおす。

それでは根本的な課題解決にならない。

特に経験が浅くて自分の型もできていない新人は苦手なことばかりだ。

業界の勉強をすること、課題と解決策のパターンを増やすこと、コミュニケーションスキルを磨くこと、プレゼンのテクニックを身につけることなど、やるべきことはいくらでもある。

もちろん、すべてを同時にやろうとしても時間が足りない。

だからこそ時間配分を意識すべきであり、自分の苦手とする領域のなかでも特に改善効果が高そうなものから一つひとつ、確実に潰していけばいい。

月日が人の成長を決めるわけではない。インプットとアウトプットをどれだけ繰り返したかで決まるのだ。

私はといえば、新人時代からとにかく徹底してインプットを続けた。

文字媒体では、まず社内のネットに膨大に保存されている社内資料は営業に関する所はすべて目を通した。また、特に1年目・2年目は、日々何十種類もアップデートされる経済・企業レポートですらすべてといっていいくらい読み尽くした。

雑誌は日経ビジネス・日経ビジネスアソシエ・エコノミスト・ダイヤモンド・東洋経済・プレジデント・日経ウーマン・ニューズウィーク……といった主要なビジネス誌のすべてを2年目以降には購読し、また、本は月に20〜30冊をビジネス本中心に読み続けた。

そして形になっていない、アナログな経験知についても社内の主要部署から教えてもらう機会をつくっていた。たとえば、法人営業部のスペシャリストからは本書で紹介したような、日経テレコンやEDINET、帝国データバンクから企業情報を抽出し、仮説を立てる方法を教えてもらった。経験値を情報量でカバーするため、極力広い分野に関心を持ちインプットしてきた。

レベルの高い経営者ほど、数知れないほどの営業パーソンがアプローチにきているのであり、レベルの高い担当者がついている。

逆に言えば、そのレベルを超えられるのであれば、人間力の部分で大きな問題がない限り、必ず相手の気持ちを惹きつけられる。

そのためには、自分の業界・分野の話だけで差をつけるのは難しい。

そうであれば、「経営者の知りたいビジネスの情報を教えてあげられる」「経営者のレベルの高い会話の話し相手になれる（政治や趣味の世界など）」ことが差をつけられるポイントになる。

営業パーソンらしい営業パーソンにならずに、多種多様なトークで相手の関心を惹きつけた上で相手から「キミ、面白いな。それで、いまは何がいいんだ？」と聞かれるようになるのが理想だと思う。

モチベーションの維持とセルフトーク

野村證券では毎週、その1週間で出す成果についてコミットメントをさせられる。アンパイを取って目標を低く設定しすぎてもいけないし、かといって言うだけ言ってコミットメントを破ることも許されない。そういう意味でなかなかの難題だったし、プレッシャーでもあったが、しかし成長を目指す上でこういった仕組みを取り入れるのはとても効果があると思う。

前職から営業パーソンとして、前を向いて、結果にこだわり続けたことが、私の現在までの実績につながっている。

なぜそのモチベーションを維持できたか。

それは毎日のセルフトークのおかげだと思う。

セルフトークとは、自分の目的・目標意識をこのレベルまで高める仕組みだ。

具体的な例でいえば、たとえば私は毎朝自分の目標を鏡の前で唱えていた。また、家に帰れば振り返りの時間を取り、自分と対話をしながらPDCAの回し方について考えていた。

また、毎月の数字目標を携帯電話の暗証番号に設定していたこともあるし、社会人2年目のころはMBAに行くことが目標だったから1日の朝昼晩に「今年中に3年目までの全社員のなかでトップセールスとなり、2年後MBA留学に行くためのチケットを手に入れる」とリマインドされるようアラームを設定していた。

やや暑苦しく見えるかもしれないが、これくらいの仕組みを用意すればモチベーション維持に大きく役立った。もともと人間は、浮き沈みがあるものだ。

営業は、頭も使えば身体も使い、数字も達成しなければならない大変な仕事だ。なかには避けたい業務、面倒くさい業務もあるが、それもこなさなければならない。そうした嫌なことは、ただでさえモチベーションを下げる。

だからこそ、そうした日々の業務が、自分が本当に叶えたいと思っている目標につながっているのだということを絶えず意識することが、継続的な努力のコツなのだ。

達成したい目標があるのなら、それを目的とセットで身体に染み込ませておくことは重要だ。

昔から「流れ星が消えるまでに3回願いを言うと叶う」と言われているのは、それくらい瞬間的で突発的なことが起こったときに、瞬時にその願いを出せるくらいであれば、それは真の目標であり、日々の生活や行動基準にも当然浸透しているはずで、その願いが叶う地盤がすでに整っているということだと思う。

あくまでもセルフトークは、自分を「追い込む」ためのものではなく、「モチベート」するためのものだ。

人によっては、日々努力を続けるための原動力は家族の存在かもしれない。結婚していたり子どもがいたりする人が、スマホの待受に家族写真を設定するのも、もちろん広義のセルフトークの一環である。あるいはその画像が自分の好きなアイドルや俳優であることもあるかもしれない。

他人への感謝や生きる目的などは、人は想像以上に簡単に忘れてしまう。

だからこそ、それをカバーするために目標を思い出し身体に染み込ませるための仕組みを用意することは、大きな効果があるのだと思う。

第5章

強い営業組織のつくり方

マネージャーになることでの成長

ここからは、マネージャーとして営業チームをどうマネジメントしていくとよいのかということについて述べていきたい。

本書はおそらくマネージャーの方よりもプレーヤーの方が多く手に取っていただいていると想像しているが、そういったプレーヤーの方にとっても本章は参考になると思うので、ぜひ読み進めてほしい。

マネージャーになると、成長はさらに急加速する。

自分の体験を言葉にして型にしていくことが成長の近道だと本書では再三紹介してきたが、マネージャーは部下に言葉を通して指示や指導、コーチングをしなければならないので、飛躍的にその機会が増える。結果として、プレーヤーであるときよりも、マネージャーになってからのほうが、その人の成長は加速するのである。実際それは、起業し、部下を持ってから私が実感していることだ。

優れたマネージャーであることは、すでに優れた自己管理スキルがあるということを示している。他人のPDCAを適切に管理するためには、まず自分のPDCAが回せていなければ、何をどう改善していいのかわからない。アメリカでは肥満の人がトップレベルのビジネスマンの間では信頼されないというのも、「自己管理すらできていない人が、仕事の管理をできるわけがない」という基準に基づいているのだ。

逆に言えば、ここまでの仮説思考を手に入れ、実践できているならば、それはすでにマネージャーである。

たとえば昔ながらの人情型営業では、手法が属人的であるため、それを部下に再現させるのは非常に難しい。実際にマネージャーとしての立場になってから初めてマネージャーとしての試行錯誤を始めなければならない。

しかし一方で、仮説思考を手に入れていれば、経験のすべてが型に落とし込まれていて、それはすぐに部下やチームメンバーに適用させることができる。また、彼らの話を聞きながら、ボトルネックはどこか、何を伸ばすべきかという因数分解も即座にできて、適切な指導をすることができる。

そういう意味で、プレーヤーとしての成長とマネージャーとしての成長は限りなく近く、その両面を知っておくことはすべての営業パーソンにとって有益であるはずだ。

(*sales*)

優秀なツールは優秀な上司を凌駕する

「自社の営業部隊を鍛えたいが、その方法がわからない」と悩む経営者は多い。トップセールスをマネジメントに引き上げて組織を任せてみたものの、思うようにチームが育たないという話もよく聞く。

私は営業組織を底上げするときに必要なのは、元トップセールスの上司ではなく、メンバーのモチベーションが高い状態で迷いなく業務に当たることができる適切なツール（仕組み）だと思っている。

手前味噌で恐縮だが、弊社の営業チームのモチベーションは非常に高い。というより、日々チームをよくしていくプロセスをとても楽しんでいる。なぜなら営業のＰＤＣＡが回る仕組みができているからで、どんなに小さな仕事であっても、どんなに気後れしそうな仕事であっても、その努力がゴールに向けての推進力になっていることが可視化されている。また、チームとしての成果を追い続けているので、メンバーが課題を抱えていたらみんなで知恵を絞ってそれを解決していくことが当たり前になっていることも大きいと思う。

そんな弊社の営業チームが日頃使っている2つのツールを紹介する。

ツールといってもただのエクセルだが、一つは「KPI管理シート」、もう一つは「PJTシート」と呼んでいる。前者はKPIの可視化のため、後者はそのKPIを達成するための行動指標（KDI、Key Do Indicator）を可視化するためだ。

それぞれの特徴を簡単に紹介しておこう。

①課題を可視化できる「KPI管理シート」

この管理シートの特徴は、数あるKPIのうち「営業プロセスごとの達成率」と「経路（顧客属性）ごとのアポ獲得の達成率」の2つを抽出してあることだ。

営業プロセスとはまさにこの本の第2章と第3章で紹介したプロセスそのもので、その目標値と実績値が一目でわかるようになっているので、新入社員でも営業プロセス全体が俯瞰でき、ボトルネックの発見がしやすいようになっている。

ただし、営業プロセスごとの達成率だけでは課題はすぐには見えてこない。

それをよりわかりやすくするために追加したのが経路ごとのＫＰＩ。具体的には営業プロセスの「アポ件数の内訳」を可視化したものである。

実際にサンプルを見てみよう（数値はダミーとなっている）。

営業プロセスの達成率を見ると、この月はアポ数が目標値を上回っているが、プレゼン数が少ないことがわかる。これだけ見てしまうとプレゼンフェーズにボトルネックがあるように思えるかもしれないが、アポ先の内訳を見るとこの月は既存顧客（ここが多いとＲＭという欄の数値が高くなる）にほとんどアプローチせず、新規顧客とのアポ取りに注力していたことがわかる。

新規顧客はアポを取ってからプレゼンフェーズに行くまで数週間の間隔が空くので、おそらく来月のプレゼン数は一気に増えるだろうということがこれを見れば想像できる。

このように、自分たちの日々の行動の結果を数値に落とし込んでおけば、自分たちが置かれている状況、抱えている課題、もしくは順調にいっていることなどが一目瞭

プロセスごとのKPIを追う

■ プロセス別 数値管理シート　　7月25日時点

月次サマリ(新規)	リスト数	接触数	返信数	アポ数	金額なし提案	金額あり提案	受注数	返信率	アポ率	金額なし提案	金額あり提案	受注率
7月目標	421	421	44	45	34	30	9	10%	102%	76%	88%	30%
7月実績	496	462	56	50	6	5	4	12%	89%	12%	83%	80%
7月達成率	118%	110%	127%	111.1%	18%	17%	44%	116%	87%	16%	94%	267%
6月実施数値(参考)	672	611	110	86	52	25	9	18%	78%	60%	48%	36%

月次サマリ(PL)	拡販提案数	拡販受注件数	拡販受注高	新規提案数	最終調整	新規受注件数	合計提案数	受注数	提案対受注数
7月目標	12	2	¥12,000,000	30	10	7	42	10	24%
7月実績	15	5	¥15,000,000	22	6	5	37	7	19%
7月達成率	125%	250%	125%	73%	60%	71%	88%	70%	79%

PDCAサマリ	経路	アポ数	達成率	アポ獲得先企業名（赤字は今半週獲得分）
<A業界>	合計	12	**120%**	
	紹介	0	-	
	イベント参加	0	-	
	イベント出展	3	60%	A社、B社、C社
	決裁者	7	35%	D社、E社、F社・・・
	RM	0	-	
	メール	2	-	H社・I社
	顧問	0	-	
<B業界>	合計	13	87%	
	紹介	1	-	H社
	イベント参加	0	-	
	イベント出展	1	20%	I社
	メール	0	-	
	決裁者	8	80%	・・・・・・・・
	RM	3	-	・・・・・・・・
	電話	0	-	
	顧問	0	-	
<R&D>	合計	23	**115%**	
	紹介	0	-	
	イベント参加	1	-	J社
	イベント出展	4	80%	・・・・・・・・
	RM	1		
	メール	0		
	決済者	17		
	顧問	0	-	

経路（顧客属性）ごとのKPIを追う
（上記のアポ数の内訳にあたる）

［5-1］KPI管理シート

然になり、業務で迷いが生じにくい。

また、いま見た数字は営業チーム全体で共有する数字だが、それ以外にもチームごとのＫＰＩを抽出したシートもある。フロントチーム（外回り担当）、インサイドセールスチーム（インバウンドセールス、マーケティング戦略担当）、ＰＲ・プランニングチーム（バックオフィス担当）のそれぞれで、その月に重点的に追うＫＰＩの目標値と進捗率が共有できるようになっている。

② KDIを追うPJTシート

もう一つのＰＪＴシートは、ＫＰＩを達成するためにやるべきアクションを、定量化された行動目標（ＫＤＩ）に落とし込み、その達成率や直面している課題とその対応策を整理するために使っている。

このＰＪＴリストのポイントは2つある。

1つはアクションリストが具体的であること。

たとえば、「ＤＭを使ったアプローチをする」というタスクと、「今週中にＤＭを使ったアプローチを50件行う」というタスクがあったら、どちらの方が実行しやすいだ

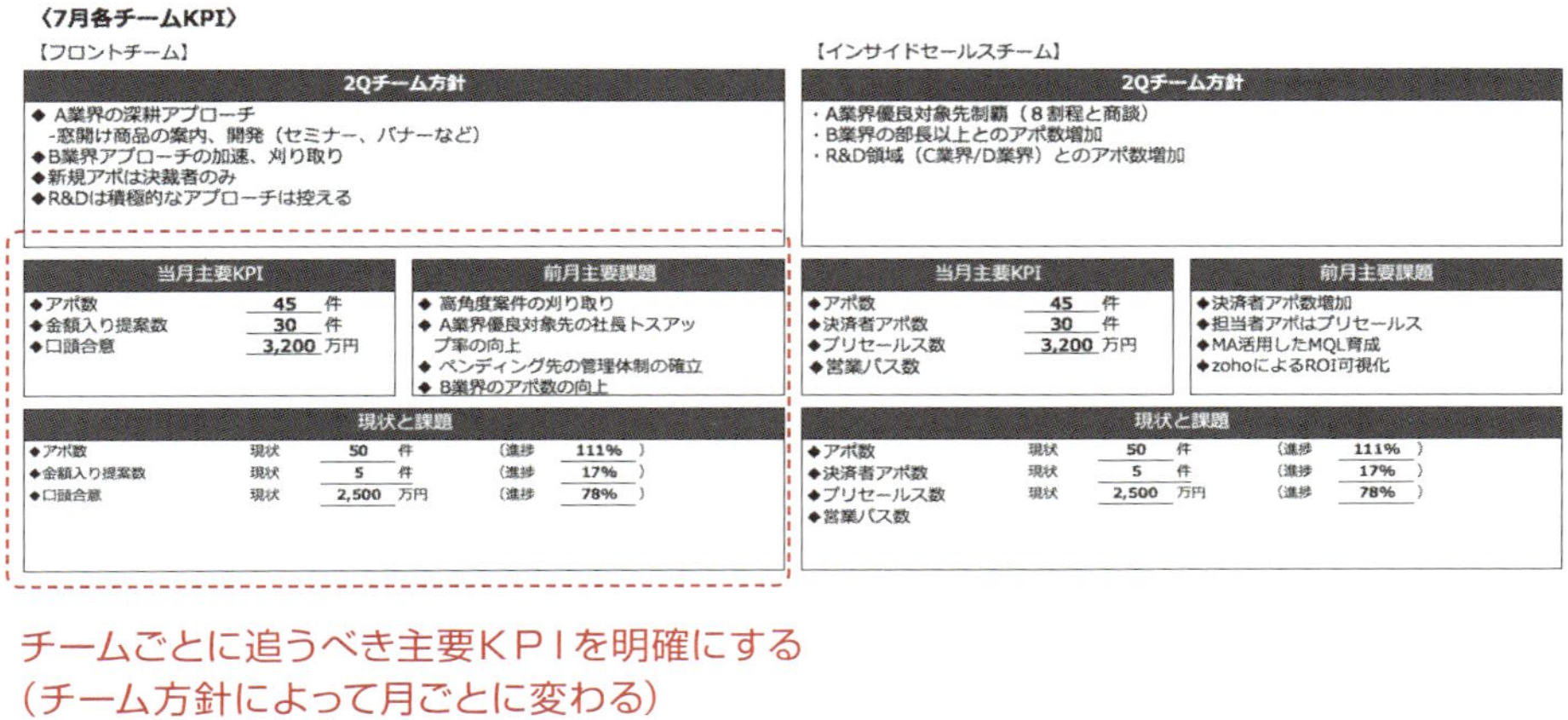
〈7月各チームKPI〉
【フロントチーム】
2Qチーム方針
◆ A業界の深耕アプローチ
-窓開け商品の案内、開発（セミナー、バナーなど）
◆B業界アプローチの加速、刈り取り
◆新規アポは決裁者のみ
◆R&Dは積極的なアプローチは控える
当月主要KPI
◆アポ数 45 件
◆金額入り提案数 30 件
◆口頭合意 3,200 万円
前月主要課題
◆ 高角度案件の刈り取り
◆ A業界優良対象先の社長トスアップ率の向上
◆ ペンディング先の管理体制の確立
◆ B業界のアポ数の向上
現状と課題
◆アポ数 現状 50 件 （進捗 111% ）
◆金額入り提案数 現状 5 件 （進捗 17% ）
◆口頭合意 現状 2,500 万円 （進捗 78% ）
【インサイドセールスチーム】
2Qチーム方針
・A業界優良対象先制覇（８割程と商談）
・B業界の部長以上とのアポ数増加
・R&D領域（C業界/D業界）とのアポ数増加
当月主要KPI
◆アポ数 45 件
◆決済者アポ数 30 件
◆プリセールス数 3,200 万円
◆営業パス数
前月主要課題
◆決済者アポ数増加
◆担当者アポはプリセールス
◆MA活用したMQL育成
◆zohoによるROI可視化
現状と課題
◆アポ数 現状 50 件 （進捗 111% ）
◆決済者アポ数 現状 5 件 （進捗 17% ）
◆プリセールス数 現状 2,500 万円 （進捗 78% ）
◆営業パス数
チームごとに追うべき主要ＫＰＩを明確にする
（チーム方針によって月ごとに変わる）

［5-2］PJT シート

ろうか？

間違いなく後者だ。

ＫＤＩとは私の造語だが、タスクをＫＤＩで管理するルールがあると、メンバーは必然的にタスクをＴＯＤＯレベルに分解して想定工数を把握しておかなければならなくなる。でも、その一手間をかけておかないと、実行フェーズで無駄に悩んだり立ち止まったりすることが起きる。結果的に集中力が削がれ、モチベーションが下がるメンバーも出てくる。

ＫＤＩで管理するのは、そうした無駄な障害を取り除き、とにかく「やったか、やっていないか」だけに意識を集中させるためである。

もう1つのポイントは、これらのＫＤＩは、連動するＫＰＩの重要度に基づいて並んでいること。つまり、このリストの上から実行達成率を100％にしていけば、優先度の低いものが未達であっても重要ＫＰＩが勝手に動くようになっているのだ。

これもモチベーション管理にはとても重要なことで、たとえその仕事が単調な作業であったとしても、「どのＫＰＩを動かすためにやっているのか？」ということがこのシートを見ればすぐにわかる。

- どのKPIにひもづいているか明確
- 行動目標も数値化（KDI）

◆インサイドセールスPJT　更新日　2017/07/19　過去シートの保存先⇒ [illegible]

No	KPI	カテ	施策	月次順位	オーナー	KPI達成率	半週KDI（7/17日〜7/20日）	KDI達成率	順位	状況
1	優良アポ数（全体）	短期AP	インバウンド集客数増加	A	●●	60%	・「〇〇マーケティング支援」に関するLPを2種類完成 ・トップページからの動線設計（リンク設置まで）完了	100%	A	完了
2	トスアップ率（全体）	短期AP	トスアップに繋がったトークを振り返ってノウハウとして蓄積	B	●●	60%	・各フロント営業のトスアップトークを振り返り ・月曜日のフロント定例にて実施、その内容を翌日までに型化し共有	70%	B	進行中
3	優良アポ数（A業界）	短期AP	既存クライアントよりご紹介		フロント	20%	・5件の既存顧客にご紹介いただけないか打診する	20%	A	進行中
4	優良アポ数（B業界）	中期AP	B業界の顧問や社外取締役・監査役へのアプローチ	C	〇〇	30%	・B業界の顧問・社外取締役のリストアップ（四季報・各社HP・検索で「B業界・顧問」など） ・リストが出来たところからアプローチ開始（半週で10件）	100%	B	完了
5	優良アポ数（全体）	短期AP	A業界・B業界・R&D定期メルマガ配信	A	△△	0%	・2週間に1回、各業界のメルマガを配信 ・メルマガ内容を各業界ごと計3通作成（編集部にコンテンツ相談） ・反応があった企業先に架電してアポ取り	10%	C	進行中
6	優良アポ数（R&D）	中期AP	イベント出展して名刺交換した先にMAからメールアプローチ	A	●●	60%	・MAへデータ入力を完了 ・メール文章作成（過去メールより修正） ・次の半週MTGで文面を確認を依頼	10%	D	進行中
7	[illegible]	[illegible]	[illegible]	[illegible]	[illegible]	[illegible]	・Googleで検索し抽出	[illegible]	[illegible]	[illegible]

［5-3］行動目標をKPIにひもづける

ＫＤＩが変わればＫＰＩが動き、ＫＰＩが変わればＫＧＩが動く。つまり、売上という最終的な数値目標は小さなＫＤＩの積み重ねでしかないことを意識づけできるのだ。

仕事を自己管理できる営業は、このように自分の行動を数字で管理できていることが多い。チームで実践していなくても、個人では実践している。

ＰＪＴシートは一種の思考のフレームワークであり、その型に沿って動いている限り自分の置かれている状況ややるべきことが明確になる。視界が悪くて道しるべもない道で、「自己裁量でどうぞ」と放置するのではなく、チーム全体で前進することを大切にする考え方でもある。

なお、「ＫＰＩ管理シート」と「ＰＪＴシート」は、週に2回あるチームミーティングで利用している（半週ミーティングと呼んでいる）。進捗を確認し、抱えている課題を共有し、その場で解決策を考えることが目的だ。

仮にこのミーティングが1時間かかろうと（弊社は30分）、チームでその進捗を共有することはとても重要なことで、自分たちのやっていることに迷いがなくなるだけでチームの生産性は飛躍的に上がる。

それに解決策をみんなで考えること自体が思考のトレーニングになるので、解決策はできるだけ下からアイデアが出てくるように、上司は軌道修正やアイデアの追加・補足をする役に回る。

こういうマネジメントの仕方は手間がかかるし時間もかかるので、大変な部分もあるだろう。

しかし、これを実践できればメンバーのモチベーションが圧倒的に高くなって生産性も上がるので、会議で1時間かかったとしてもおつりが出る価値がある。

また、もう一つメリットを挙げるなら、これさえ行っていればマネージャーの仕事の8割は部下に渡せる。というより、むしろ重要で難しい仕事ほど、部下に渡したほうがいいとさえ考えている。マネージャーは、この「KPI管理シート」と「PJTシート」で、チーム全体のPDCAがきちんと回っているかのモニタリングとそのサポートに徹するのがいいだろう。そして渡した仕事の分、もっと時間軸が長い課題の解決に向けて時間を使うのが最も理想的な姿だと思う。重要な仕事ほど、やり遂げた際のインパクトも喜びも大きく、その機会をできるだけ多く与えることで部下のモチベーションが高まり、成長につながる。結果的に、チーム全体で高い成果を出せるようになるのだ。

メンバー全員の合意をどのようにつくるか？

目標に対して組織のPDCAを回していくためには、まずはメンバー全員が目標に対してコミットすることが重要だ。そのためには、目標をどのように達成するか、その解決策を関係者全員で話し合い、決めていくことが必要になる。できるなら2時間ほど時間を設けて本音で話し合える場をつくると効果的である。

たとえば、目標数字を達成するためにどこに注力すべきか、といった話し合いになったとする。そんなときは、互いが不安材料を出し合い、全員で意見を出し合い、ある意味発散しながら「この目標を達成するためにはどう行動したらよいのか」と全員が考える過程を挟むことで、次第にメンバー間で目標と目標達成のための施策への合意が生まれる。

そういった本音のやり取りを生むためにも、しっかり2時間ほど腰をすえた話し合いをすることが大切だ。また、本音を出しやすくする工夫としては、甘いものを持ち寄るなど、少しカジュアルな雰囲気を演出するといい。

そこで合意を得られた目標や目標達成のための施策は、自分ごと化の強度が段違いに高くなり、スタートダッシュしてＰＤＣＡを回すことができる。途中、モチベーションが下がったメンバーにとっては、もう一度どのようなプロセスで決めたのかを思い出してもらうことで、気持ちが持ち直されやすくなる。そのため、正直な気持ちで目標について話し合うのは、その後を考える上でもとても大事な時間となる。

ゲーミフィケーションをチームづくりに活用する

営業というポジションや営業チームは、モチベーションが全体のパフォーマンスの2、3割に影響してくるというのは容易に想像できると思う。

そして、営業のモチベーション管理の鉄板は「目標数値をクリアしていく達成感」を強調することである。社内にグラフを貼り出したり、成績優秀者を表彰したりする制度を設ける会社も多い。

弊社は、そういった取り組みは行わないが、KPI管理シートなどがそれにあたると考えている。また、弊社では目標と現状のギャップを意識し続けるために、管理シートの主要なKGI・KPIを毎日抜粋して、チーム内で一斉配信している。目標と現状のギャップが明確になるから、課題が浮き彫りになりやすく、精度の高い解決策を生み出すことができる。

前職を振り返っても、各営業が徹底して数字にコミットしている企業であった。社内サーバーに入れば全国にいる数千人の営業の数字が一覧になっていて、それが各営業の競争心を煽っていた。

そして上司からは毎朝のように「今日の目標は?」と聞かれるのがお約束で、そこでは、低い数字を言いにくい雰囲気すらある。そんな世界だ。

でも不思議なことに、そんな環境で毎日頑張っていると、自分で宣言した数字を達成できないのはありえないと思えてくる。すると高いハードルであっても立ち止まっている暇などないと思えるようになるのだ。

近年、ゲーミフィケーションという考え方が生まれ、注目されている。

これはコンピューターゲームで培われた「経験値とレベルアップのシステム」や「バッジや宝物の収集」といった、ユーザーのやる気・楽しさを上げる仕組みを、現実のビジネスや社会問題に適用して解決を図ろうというものだ。

数字目標の意識と徹底は、このゲーミフィケーションの一つだともいえる。

KPI・KDIが分解され、毎日の目標に落とし込まれていると、営業も前進してクリアしていくRPGのようになり、楽しくなってくる。

特にチームのミーティングでは、KDIの進捗を追うことが、モチベーションアップに如実につながる。KPIは、実際の努力に対して、見えない外部要因に妨げられて成果が出なかったり、また成果が出るにせよその時期がずれてしまったりすることがある。

だから前に進んでいることが必ずわかるKDIの達成を特に盛り上げたいところだ。

KDIをしっかりとこなせるだけで、それは自信につながり、毎日の仕事を楽しめる。

目的や目標からブレイクダウンして意義や意味を感じられるようになっていれば、悩むことは少ない。

そうするためにも、組織としての評価についても結果と同じくらいそのプロセスを評価する集団にするとよいだろう。先ほどの理由で、メンバーのモチベーションも高く維持しやすくなるはずだ。

意味合いや目的を重視する20代

ただし、数字を達成する喜びや達成感、そしてその後の昇進やボーナスアップなどだけで全営業のモチベーションを上げることができる時代は終わったのかもしれない。数字も引き続き大事だが、それだけではなく「意味合いや目的を感じながら仕事をする充実感」も同時に満たしていくことが、これからの時代には重要になると感じている。

特にいまの20代は、仕事に対して意味合いを強く求めるようになった。

20代はたいてい前の世代とは異なる感覚を持っていることが普通だが、いまの20代とバブルを経験した40代後半あたりの上司世代の感覚は大きくかけ離れている。マネジメントに戸惑っている管理職も多いはずだ。

金銭的な対価よりもやり甲斐を重視する若い社員も増えていて、そんな彼らに「結果を出せばお前もベンツに乗れるぞ！」とか「もっと頑張れば、最年少で部長になれるかもしれないぞ！」といったロジックは通用しにくい。

外的報酬よりも内的報酬、あくまでも社会や人の役に立っている感覚がほしいのだ。

こんなときこそ、企業の掲げるビジョンやミッションステートメントが重要だ。

企業のビジョンとはそもそも「自分たちがこの会社で成し遂げたいことや社会に貢献したいこと」を明文化したものであり、日々の業務に追われているとついつい忘れがちな「働く理由」を思い出させてくれるものである。

もちろん、そのビジョンに社員が共感してくれることが前提だが、若い世代をモチベートしたいなら、こうしたビジョンを意識的に共有する仕組みが大事だ（そういう意味では、社訓を会社の至るところに掲げる日本的なオフィスの光景は、一見、前時代的に見えて、実はビジョン共有にとっては非常に合理的である）。

ただし、営業組織で少し厄介なことは、会社のビジョンと営業の実務が必ずしも完全一致するとは限らないことだ。

たとえば、ビジネスの軸はＢ to Ｃ（個人）である会社で、営業チームが営業をかけているのはＢ to Ｂ（法人）であり、そこで広告などを売り込んでいる。するとなかには「広告が増えることは個人の役に立っているのか？」と疑問を持つ営業メンバーも出てくる。

このように会社のビジョンと営業組織のビジョンに多少のズレが出てくることはよくある話だ。

その場合、営業部は営業部でビジョンを掲げることも重要になってきて、それに対してメンバーが納得感を持っているのかどうかの確認も定期的に行う必要がある。

ミッションを意識づけする効用

ミッションやビジョンをどう社員に定着させればいいのかというと、基本はこれでもかというほどに言い続けて、言い続けて、言い続けることだろう。それに加えてミッションやビジョンを具現化できた人を評価する制度があるといい。

弊社ではいくつかの施策を実践している。

たとえば弊社では企業バリューの一つに「Rock U（ユーザーを感動させる）」という言葉を掲げているが、3ヶ月に1回行っている全体総会では、会社のミッションやバリューをいろいろな実例や話とともに伝えた後に、その四半期で各チームが実践した「Rock U」の事例をチームごとにディスカッションしてもらい、全メンバーの前で発表するといったグループワークを行ったりしている。

自分たちが行ってきたことが正しいと認識できるだけではなく、他のチームの事例も聞けるので、「あ、そういう形で自分たちはユーザーさんの役に立つことができているんだな。だったら自分はこんなことをしてみよう」などと新たな刺激を受けることもある。

また、弊社では月に1回、社内で突出した成果を出したメンバーを、MEP（Most Extraordinary Player）として表彰して、そのメンバーへは私が高級ディナーをご馳走したり、半年に1回、社内の既存の仕組みをディスラプト（粉々に）するくらい大きな価値を生み出したメンバーを「Disrupter」として、全員投票にて3人選んでシンガポール研修に行ってもらう表彰制度なども用意している。

いずれの制度も、数字だけで評価していないことがポイントだ。

ソニーの創業者、盛田昭夫氏は単純化して言い続けることの重要性を説いているが、やはりミッションやビジョン、意味合いといったものは、文章化して、繰り返し触れることが大事だと思う。

もし自分の所属する組織でビジョンの共有がなされていないなら、自分で勝手に決めて、自分のなかで意識づけを続ければいいと思う。

私の場合は数値目標として「野村證券でトップ」というわかりやすいゴールを掲げていたが、同時に「外部CFOとしてお客様に貢献する」というミッションも掲げていた。企業財務に精通していて、経営者に対して的確なアドバイスができて、ときに経営者のよき相談相手になれるような存在だ。

それを定期的に自分の携帯で通知させていたし、週末に振り返りをするときも自分が外部CFOに近づけているのか自己分析をして、課題を抽出していた。

こうした行動指標は会社や上司に言われたことではなく、「自分がどういう存在でありたいか」を考えて、勝手に決めたことである。もしホワイトボードの営業をしているなら「社内コミュニケーションのプロとして日本中の会社を元気にする！」というミッションを掲げてもいいだろう。

ミッションを掲げると、近視眼的に営業数値のことばかり考えることがなくなる。それだけで日々の充実感が変わるし、行動も変わっていく。

チームのPDCAはメンバーとの信頼関係から始まる

チームでPDCAを回していくには、メンバーからのビジネス面における「尊敬」は当然だが、個人的な「信頼」も得られるような関係性を築いていくべきだ。

具体的には、各メンバーが目標に対してどのように行動できているかウォッチし、「進捗が滞っているな」と思うメンバーがいれば「1 on 1の時間（個別で話す時間）」を設けると効果的である。

ここで大切なのが、業務に関する話に終始せず、メンバーとプライベートについても話すこと。

たとえば、もしかすると成果が上がっていないその人は、プライベートのトラブルが原因でパフォーマンスが落ちているのかもしれない。

そこを汲《く》まずに業務への注意だけをしてしまうと「うちの上司はわかってくれていない」と、余計にモチベーションが下がってしまうこともある。「仕事に限らず何か悩みはない？」と問いかけるなど「半分雑談」くらいの気持ちで話し合うと、メンバーも打ち解けてくれるケースが多い。

こういった「雑談」は非効率だと思われがちだが、多くの社会人は社内でプライベートな悩みを打ち明けにくいものだ。そこをマネージャーが「何かあったら仕事のこと以外でも相談してよ」とオープンに接することで、上司と部下という関係でなく、人間対人間の関係になり、その結果、信頼関係が生まれる。その信頼関係がベースにあれば、「会社やグループのために頑張ろう」と、目標に対するモチベーションも上がっていく。「メンバーの人生に寄り添う」ことを念頭に接することが、グループ内の結束を高め、ＰＤＣＡサイクルの潤滑油にもなるのだ。

メンバー個人を4パターンに分け、アプローチ方法を考える

メンバーとの信頼関係を築き、チームでPDCAが回るようになった場合、そのサイクルにも個人差が出てくる。

そこで私はメンバーを、ある業務において自分で考えて動くことが「得意・不得意な人」「やりたい・やりたくない人」を軸とした4象限にあてはめ、適切なサポートができるようにしている。

たとえば「やりたいけど不得意（次ページ図の②）」な人に対しては、ヒントを与えつつ「自分で答えを導き出した」と感じられるコーチングをするように意識している。

具体的には、「結果」でなく「過程」を褒めるようにして、「PDCAをもっとよく回すためにはどう改善していこうか？」と問いかけることで、軌道修正してもらうようにしているのだ。この「やりたいけど不得意」タイプのメンバーに、こちらが進め

方を1から10まで提示してしまうと、むしろ「やりたい」と思っているモチベーションも下がる恐れがある。

ベストは、①の「やりたくて得意」の状態だが、もちろん②〜④の人を1の領域に引き上げることも、トレーニングを行えば可能だろう。そこで先ほど挙げた「プライベートの話題」が活きてくる。どんな人であれ、日常生活で無意識にPDCAを回している。たとえば趣味のトライアスロンでタイムアップの努力をしている、料理がとても上手だ……などといったような、彼らがすでに「やりたくて得意」としていることを聞きつつ「それをいまの

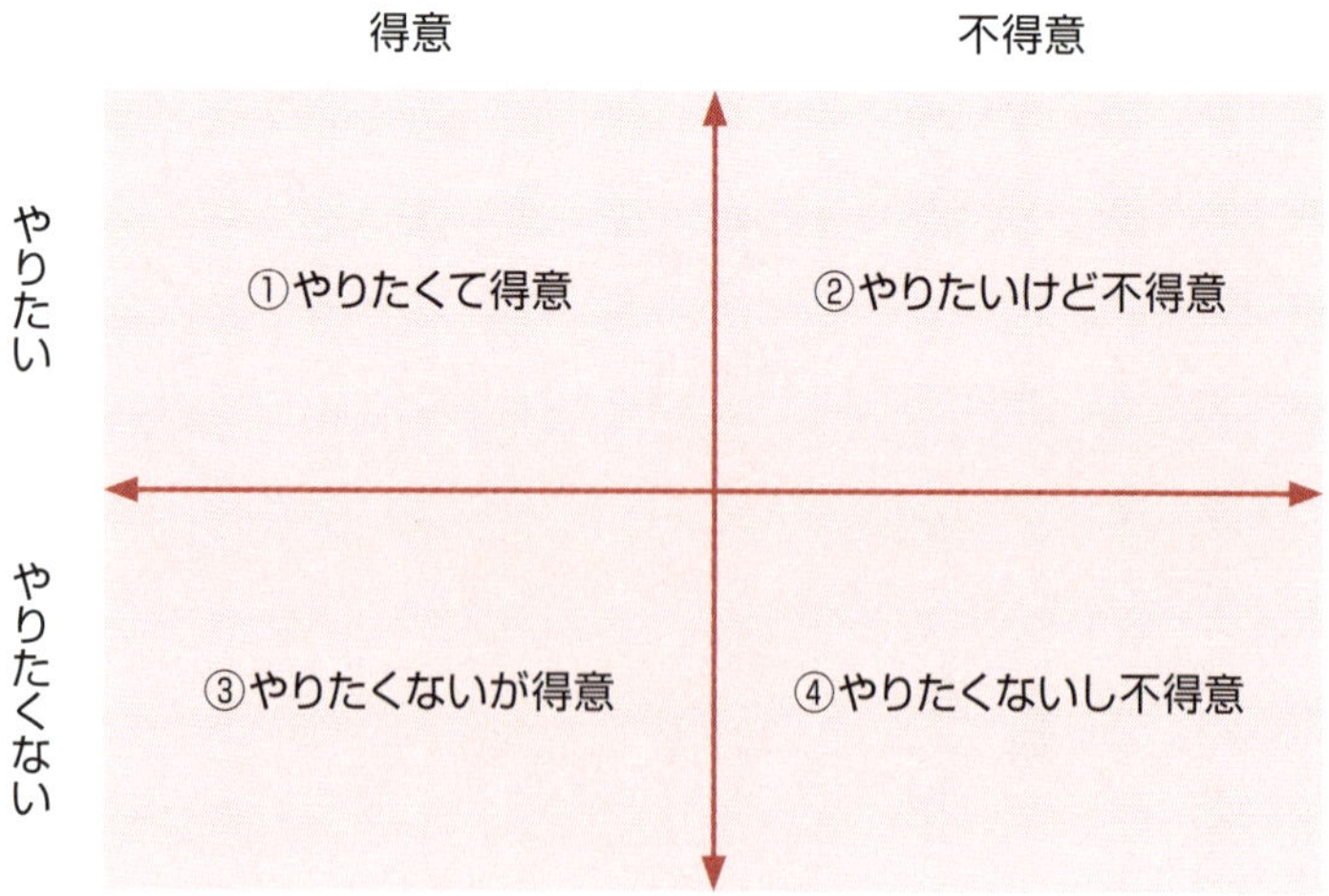

[5-4] コーチングのスタイルを決める4象限

仕事に置き換えたらどうすべきだろう?」と話し合い、導いていくのがコツだ。

優れたマネージャーが教える「型」と「自走の仕方」

前職時代、1期下の後輩の育成担当になったことがある。

彼は自分で考えて動くことが「苦手」ではあったが、「やりたい」と思っていた。そのため、そのとき私は次のようなことを徹底的に教えた。

- 何事も仮説に基づいてスピーディーに判断・行動すること
- 日々の営業活動を数字で追うこと
- 悩んだら課題を分解してみること
- ボトルネックや顕在化していない課題を常に探し続けること
- 課題と解決策のパターンを増やすこと

まさにこの本で伝えたいことと同じだ。

これらは営業スキルの背骨であり、これ自体が直接成果を生むというより、成果を出し続けるためのフレームワークのようなものである。

彼は国立大出身で地頭のいい人間だったので、私の話をすんなり受け入れてくれた。

「営業ってこんなにロジカルに考えることができるんですね」と驚いていた。

どうやって教えたかというと、ひたすら思考の深掘りを促す質問をしていたのだ。

●「いまの自分の課題を3つ挙げるとしたらなんだろうね?」
●「この前のプレゼンでうまくいかなかった要因はなんだろうね?」
●「この企業情報から読み取れる経営者のニーズってなんだろうね?」
●「そのニーズに似た事例、いままでもなかったかな?」

こうした宿題を出して翌日には彼なりの答えを用意してくるというのがお決まりのパターンだった。これらの問いは、まさに私がいつも自問していた問いだった。問いであればいくらでも彼なりに応用できるし、もしかしたら私よりいいアイデアを思いつくかもしれない。それに、自分で考えてもらうことで、仮説営業の実現可能性と効用を実感してもらうきっかけとなり、それが習慣化につながると考えていた。

このように、部下に「自走力」をつけてもらうことは育成の基本ではあるが、そうかといって「全部自分で考えろ」という管理手法はやりすぎだと感じている。

私は育成担当の心構えとして、改善していく能力も身につけてもらいながらも、最初の型はある程度与えるべきだと思っている。それを改善していけばいいわけだ。

たとえば弊社では私が会社を紹介している様子や、営業担当役員がプレゼンしている様子を動画に収め、営業メンバーに共有している。これは100%真似をしてもらうためではなく、自分なりに改善していくときの叩き台にしてもらうためだ。

世の中の営業組織は、その売上の多くが一部のスーパー営業パーソン頼みになりがちだ。しかし、型と自走の仕方を教えることができれば、どんな社員であっても、トップセールスの7掛けまでの成績は出せるようになる。あなたの部署で数字に落とし込んでシミュレーションしていただきたいが、全員がトップの7掛けというのはとんでもないインパクトを持つ。

そしてこれは属人的なものではなく、仕組みで実現できることだ。だから、組織に横から下から人が入ってきても、すぐに戦力にすることができる。非常に高い強度を誇る組織になっていくのだ。

マネージャーは、緊急度の高い領域に惑わされず、「重要・非緊急領域」にかける時間の確保に努めるべきである。ここには、部下の育成や仕事の仕組みづくりなど、中・長期的なタスクが該当し、ここにチームが抱える課題を解決する突破口がある。

部下の仕事を直接手取り足取り上司が手伝ってしまえば、現場は確かに楽ではあるが、それは一時しのぎでしかない。それよりも、「部下が緊急の仕事に追われない仕組み」を考え、この課題を早期解決すべく時間を使うほうが、結果的には部下を助け、チームの生産性も上がる。上に立つ者の役目は未来をつくることであり、部下がPDCAを回すための環境づくりは大切な仕事なのだ。

半年に一度の「エースの同伴」を習慣づける

前職の支店営業時代、時々野村證券本部の先輩エース社員が、支店に仕事をしにくることがあった。その際、「今日このあたりで2、3件まわるんだが、誰かついてくる人はいるか？」と、声をかけてもらえた。

私はこうした機会には、真っ先に手を挙げ、積極的に同伴させてもらっていた。

通常の会社では珍しいことだと思う。打ち合わせに同伴するといっても、多くの場合は、直属の上司、あるいはその上の課長くらいで、他の課や部、支社といった「横の社員」との交流というのはほぼないだろう。

しかし、どのセグメントにも優秀な人間は一人や二人、必ずいるものだ。私の場合でいえば、本社社員では、トークが素晴らしくうまい人、商品知識がずば抜けている人、人脈をとにかく持っている人といった違うタイプの優秀さをそれぞれの人は持っていたし、十人十色の営業を見ながら「なるほど、こう話すとスマートに映るなあ」とか「債券にはそういう提案の仕方もあったのか」と、自分のレパートリーを劇的に増やすきっかけとなっていた。

こうした人たちにたった一度同伴しただけで、いままで気づかなかったことに気づき、視座は驚くほど高まる。また、そうした人を目指したいと思い、インプットにも貪欲になる。

しかし、それなのにタテワリの組織的な問題でそのチャンスがなくなってしまっているのだとしたら、非常にもったいない。

本当にアグレッシブな人であれば、組織の違いなど意に介さずどんどん交流を深めていくのだろうが、普通はそうはいかない。プレーヤー視点ではなかなか実行しにくいことである。

だから、マネージャーが、チームメンバーに他部署のエースとの営業の同伴を積極的にさせるシステムをつくるのがもっとも手っ取り早い。それはメンバーのスキル的な成長を期待できる上に、モチベーション的な問題も解決できる可能性がある。

よくありがちなのは、若手が「うちの部署には参考になる人がいない」「本当はあっちの部署で働いてみたい」というような悩みを持ち、やる気を下げているケースだ。マネージャーの立場からは見えにくい不満だし、異動が簡単に起こるわけでもなく解消されづらいという意味で、厄介な問題だ。もちろんマネージャーが手本となるのが理想だが、誰もが万人のロールモデルになれるわけではないのも事実だ。

だからこそ、半年に1回でもいいので、他部署との交流をさせる機会をつくる。それはできれば実地での営業がいいし、それが難しければ営業の課題やノウハウについてのブレストを行う会議などでもいい。そうするだけで、メンバーの停滞感や不満を解消できる可能性がある。

競争させるか、ナレッジシェアをするか？

これまで、さまざまな企業の経営者や営業責任者と話をしてきて思うのは、95％くらいの会社は「営業の質の差が激しい」という課題を抱えているということだ。

営業の質の差が激しい原因は、ひとえに組織として知識を共有していないからだ。

それ以外に理由はない。

特に営業同士の競争原理が働きすぎる企業では個人商店がさらに閉鎖的になる。さらに、大企業の営業部隊になると支店同士の競争という力学も働くので、なおさらナレッジシェアがされにくい。

たまに「営業スキルは感覚的だから共有しづらいのでは」と思っている経営者がいるが、この本でさんざん説明してきたように、営業は科学できるし、その大部分は言語化できる。

それこそ情報収集の仕方にもパターンがあるし、ニーズの仮説構築もそれに対する解決策もパターン化できる。そしてパターン化できる領域はすべて共有できる、ということだ。

営業組織は競争原理を取るか、集合知を取るかのトレードオフの関係でとらえがちだが、実は競争原理を維持したままでもナレッジシェアはできる。

私は前職時代に入社5年目くらいの支店の営業パーソンを集めて、各自の必殺営業テクニック（得意な型）を発表し合うナレッジシェア会という会議を主催したことがある。

すると何が起きるかというと、誰かがユニークな営業手法を発表して会場がどよめくと、次の発表者はもっとすごいネタを出そうと取っておきのテクニックを発表するのだ。ここでも競争原理が働くのである。

しかも、話を聴く側も全員普段から傾聴テクニックを磨いている営業だ。ウンウンうなずいて、たまに「すごい」だの「さすが」だの相槌が入れば、発表者はどんどんしゃべる。

こうした会議を毎週の定例にしてしまうと「晴れの舞台」感が激減するが、3ヶ月に1回くらいの滅多にないイベントだと、このような相乗効果が期待できる。

その効果があまりにすごかったので、私が時々、証券会社や保険会社向けの営業研修をさせてもらうときは、受付突破のセールストークを全員の前で発表してもらう機会を設けている。

100人くらいの営業が何年間もかけて磨き上げたセールストークを共有できたら、それだけで組織の営業力は相当上がる。

ちなみに、私の会社の営業チームでは法人営業をしているからでもあるが、営業はチーム全体で協力し合って行う文化を浸透している。

金融機関で優秀な営業だった人材もいるが、ベンチャー企業で特定の個人の力量に頼っていては安定した成果は望めないし、（ナレッジシェア会のように）集合知は一人のスーパーセールスに勝るというのが私の持論だからだ。

営業による勉強会の仕組みはもっと多くの企業で導入したらいいと思っている。

運営自体は難しくない。最初の数回くらいだけ面倒を見れば、その効果に感動した若手社員たちが、あとは勝手に回してくれるだろう。

そのときに優れたコーチ役がいれば理想的だが、最悪いなくても世の中で売られている営業本やプレゼンの本やマーケティングの本などを読み合わせして、意見交換をしあうだけでも十分に価値がある（ちなみに弊社でも営業メンバーが自発的にやっている）。

弊社の勉強会では、「ワールドカフェスタイル」を取ることが多い。ワールドカフェとは、教育の分野などで新しいムーブメントとなっている「アクティブラーニング」で取り入れられている、参加者の主体的な議論を育むための勉強形式だ。

ステップ①

まず、参加者を4人ずつのグループに分けていく。最初のグループで、ある議題に対しての意見交換を行ったあと、気づいたこと・発見したことをまとめながら模造紙に書き込んでいく。

ステップ②

その後、1人ホストを残し、残り3人が各グループで書かれた模造紙を見ながら、それぞれ興味のある別のグループに移動する。

ステップ③

新しいグループで、ホストが前の議論を共有し、新しい参加者たちは意見や考えを伝えながら、もともとの考えをブラッシュアップしていく。その内容は模造紙に書きながら深めていく。

ステップ④

元のグループに戻り、それぞれが2回目のグループで話し合ってきたことやその際に湧いたアイデアを持ち帰り、チームでの考えをまとめる。そして、最終的にそれぞれのグループごとの考えを全体で共有する。

このワールドカフェ形式の勉強会の特徴として、知の結集が、色んな人とぶつかり合いながら起こっていくことが挙げられる。アイデアの「量」も担保できる上、それらが多様な価値観で磨き上げられるだけに「質」も急激に高まっていく。

弊社では勉強会はもちろんのこと、これを使った会議もしている。ワールドカフェスタイルは議題を選ばない。たとえばビジネス書の読書会であれば「この本から会社の業務にインパクトのある施策を生み出せないか？」といった議題であるし、営業そのものについての議題であれば、「メールアプローチのＫＰＩがなかなか達成できないのはなぜか？」といったものである。こうしてアウトプットの場を共有すると、ノウハウはかなり身につく。また、噂で聞いたゲームの裏技を家に帰ってすぐに試したくなるように、思いもよらない自分の仕事の気づきを得られたときは、それを実行したくなってしょうがなくなる。ナレッジシェアにはこのような効用があるのだ。

「なるほどシート」で成長の相乗効果を促す

ナレッジシェア施策の一環として、現在、私の会社では「なるほどシート」というものを運用している。

これは日常の業務や読書、人との交流のなかで気づいたことを、チームメンバーそれぞれが1つのグーグルスプレッドシートに書き入れ、共有していくものである。

気づきを記録するのは個人単位で行っていてももちろん効果的だが、それをチームメンバーが相互に共有し、フィードバックをできるようにすることで、さらに効果を発揮する。

日々、私たちが「体験」していることは、言語化することで「経験知」となる。

そしてその「経験知」を、ルール化・仕組み化・ステップ化することで、「再現可能なノウハウ」となるのだ。

たとえば、ある交差点で突っ込んでくる車にヒヤッとしたことがあるだろう。

このとき、「危ない！」と思った感覚が、体験だ。

しかしこれは瞬間的なもので、これだけでは将来に活かすことはできない。

この危ないと思った体験は、言葉にすることができる。

◉「歩行者用青信号が点滅していて」
◉「左に気を取られていたら」
◉「右から車が突っ込んできた」

といったようなことだ。

こうしてできるだけ体験を詳細に記していくことで、経験知となるのだ。

そしてさらにこれを仕組み化するなら、

◉歩行者用青信号が点滅し始めたら、周りに気を配ること
◉信号を渡り始めるときは右↓左↓右と、一応視線を配ること

というルールとなる。

こうすると、自分の将来も当然だが、他の人にとっても「再現可能なノウハウ」となる。

もちろん営業でも同様だ。


◉体験……「今日で商談をまとめようと思ってたのに、うまく話が刺さらなかったなあ」

[5-5] なるほどシート

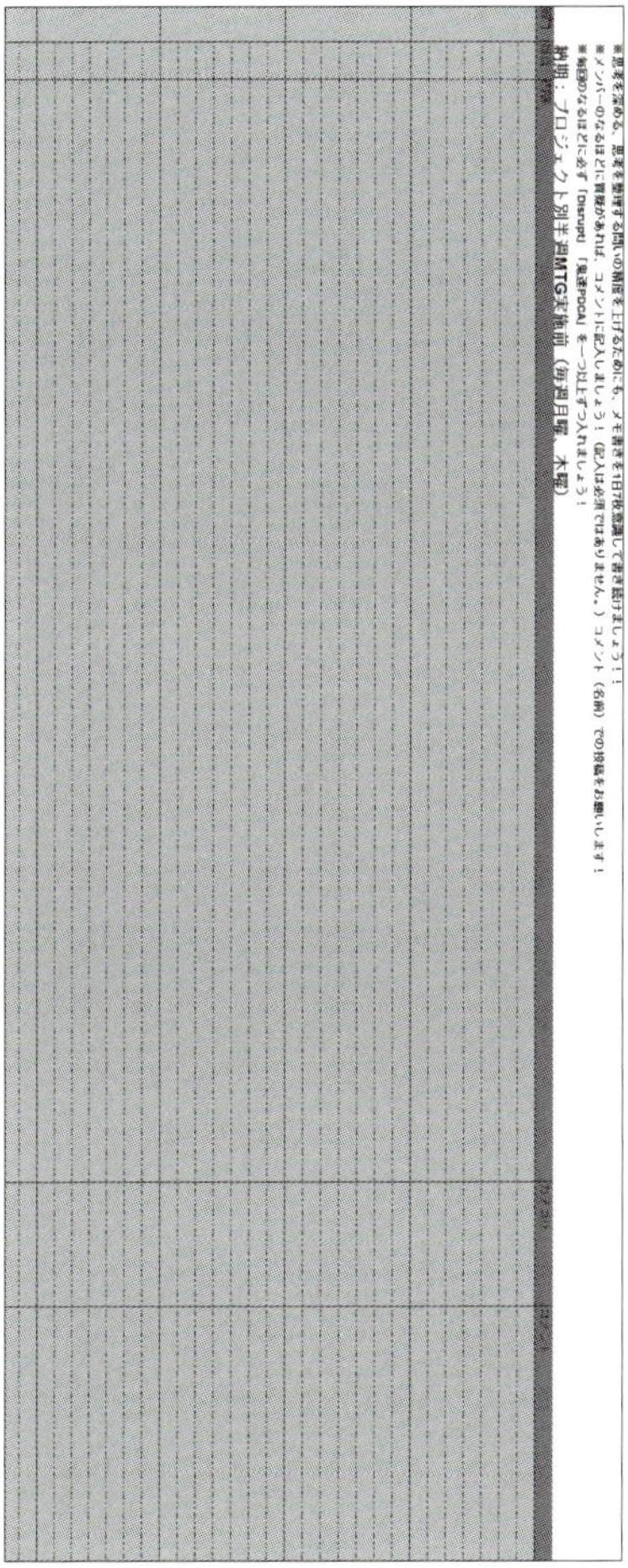
※思考を深める、思考を整理する問いの精度を上げるためにも、メモ書きを1日7枚意識して書き続けましょう！！
※メンバーのなるほどに質疑があれば、コメントに記入しましょう！（記入は必須ではありません。）コメント（名前）での投稿をお願いします！
※毎回のなるほどに必ず「Disrupt」「鬼速PDCA」を一つ以上ずつ入れましょう！
納期：プロジェクト別半週MTG実施前（毎週月曜、木曜）

◉経験知……「クロージングの部分で、相手の表情がどこか固かった。悩んでいたようだがふん切りがつかなかったようだ」
◉再現可能なノウハウ……「最後の最後は気持ちの問題で決まる。そこで営業パーソンの自信が必要で、『絶対にそうすべきです』と断言できるくらいの話し方じゃないといけなかった」

と、このようにブレイクダウンをしていく。この「再現可能なノウハウ」まで落とし込んだもの、それができなければ「経験知」の段階でも、なるほどシートに記録していくのだ。

これをマネジメントに取り入れると、当然メンバーの成長角度は圧倒的に急になる。そしてマネージャーとしての視点でチームのなるほどシートを見ると、実はいろいろな気づきがある。

まずわかるのが、PDCAがうまく回っているかどうかだ。

うまく回っている人は、時間が経つにつれてどんどんなるほどシートの書き方が、詳細に、具体的になっていく。言語化が精密になっていくということは、PDCAによって仮説・検証のループの精度が上がり、思考力が上がっているということだ。

逆に漠然としたこと、たとえば「今日のプレゼンは気持ちが入っていなかった、伝わりにくかった」といった体験ベースのことにとどまっている人は、不安や問題を感じているが、それを具体的な課題としてとらえ切れていない。原因がはっきりつかめないから、あいまいな書き方になってしまう。

そうしたときには、マネージャーとしてのフォローが必要になってくる。このなるほどシートをもとに1 on 1でミーティングをしたり、あるいは打ち合わせに同行した帰り道などで「そういえばあれって具体的にはどういうこと？」と深掘っていったりして気づきを促すのだ。

ものごとを言葉に落とし込むのは、「緊急ではないが重要なこと」である。面倒くさいし、これよりもっと目の前のタスクを消化したくなる。しかし、実はせっかく体験したことを自分で再現可能にしていかないほうが、トータルで見ると時間がもったいない。

だからこそ、その重要性を自ら示しつつ、メンバーの体験の言語化をうまくフォローすることが、マネージャーには求められる。

おわりに

オックスフォード大学の研究結果で、保険会社や銀行の営業人員があと5年くらいで半分になるという予測がある。

私は未来学者ではないので、その指摘が正しいかどうかの判断はできないが、コールセンターの無人化や、チャットボットの導入など、営業の領域で自動化が進んでいるのは事実だ。

そのため「いまのままの営業スタイルで仕事がなくならないだろうか」と心配する人は多い。まさにそんな悩みを抱えた人たちが先日、私に会いにきた。野村證券のベテラン契約社員たちで、営業成績優秀なメンバーばかり。そんな彼らすら、自分たちのやっていることに自信が持てないのだ。

そんな彼らに私はこう断言した。

「人間がやる営業の価値は、むしろ上がっています。人数は減ると思いますが、なくなることはないと思います」

冷戦終結後、資本主義が世の中の基本原則になってだいぶ時間が経ち、経済合理性ばかりが支持される世の中になった。しかし、それが行きすぎた結果、主に先進国においてその揺り戻しが出てきていて、人と人とのつながりの価値が見直されている。マイルドヤンキーが地元に留まるのも、シェアハウスが若者に人気なのも、人とのつながりを求めているからだ。

そういうことを考えると、ＡＩや機械学習が今後、営業プロセスの一部を代替するようになったとしても、生身の人間が行う営業の価値がなくなることはないのではないだろうか。

フィンテックという新しい流れのなかにおいては、基本的にはリアルでの営業は否定されたり、人工知能やロボットなどに置き換わるものとして扱われたりする。しかし、フィンテックを突き詰めれば突き詰めるほど、私自身は逆の考えになった。もちろんリアルの営業の数が減るのは確かな流れだと思うのだが、営業職はさらに重要な役割を担う。フィンテック業界という合理性の最先端のようなところで毎日戦っているので、改めて人情やコミュニケーションの重要性に気づくことができ、営業の価値を再認識できたからだと思っている。

顧客のなかの合理的な部分へのアプローチは、人工知能が人間の脳を超えることになるのだろうが、一方で顧客のなかにある感情の部分までたどり着くにはそれなりのハードルがある。それに顧客が商品選びで悩んでいるときに「どれがいいですかね」と一緒に寄り添ってあげたり、金融商品のようにリスクが付きものの商品を初めて買うお客様にちょっとの勇気を与えたりすることは、人間同士によるコミュニケーションだからこその価値だろう。

それに、人間の営業が介在しなかったらそのお客様は一生、資産運用と出合えないかもしれない。ネットマーケティングはニーズが顕在化された層に対しては有効だが、金融商品の場合はニーズに気づいていない人がほとんどだからだ。可能性のありそうな人を探し出して、ニーズ喚起を行うのも、人間だからできることである。

ただ、そうは言っても時代の変化とともに営業のあり方もアップデートを続けないといけない。そのアップデートができた暁には、世の中の営業に対する見方も少し変わっていることだろう。

本書がそのアップデートに少しでも貢献できたら著者冥利に尽きる。

冨田　和成

『営業』付録　仮説思考ツール

以下のURLから本書で紹介した仮説思考に
役立つツールをダウンロードできます。

- KPI シート
- PJT シート
- なるほどシート
- 10 分間営業 PDCA
- 仮説営業 解剖図

https://cm-group.jp/LP/40113/

⑤解決策の絞り込み

【制限時間30秒】

上で書き出した解決策のなかから「もっともインパクトがありそうなもの」を3つ選んで丸をしてください。

○業界団体のイベントに参加してみる
・帝国DBを使ってみる
・無料で使えそうなリストがないかネット検索してみる
○A社のプレゼン資料を入手する
・営業部でA社のプレゼン内容を分析する
○ルーチンワークのマニュアルをつくる
・A社との差別化ポイントを検討する
・ジュニアスタッフにふれる仕事がないか探す
・新規獲得の時間を強制的に確保する
・実際の時間配分を計測してみる

⑥タスク化

【制限時間2分】

3つに絞った解決策について「手段（どうやるか）」と「期日（いつまでにやるか）」を決めてください。

・今日中に業界団体のイベント情報を最低3件、収集する
・今週中に、過去にA社に負けた顧客のうち、特に担当者と仲のいい企業に相談してみる
・明後日までにルーチンワークのマニュアルの叩き台をつくり、上司にチェックしてもらう

⑦見える化

【制限時間1分】

上で決めたタスクをスケジュール帳に書き写してください。
（複数人でのワークの場合は、隣の人とシェアしてください）

10分間営業PDCA 記入例

①ゴール設定をする

営業所でトップになる（売上1億円）

②課題を考える

【制限時間3分】

ゴールを実現するにあたって考えられる課題をできるだけ多く書き出してください。（目安：7個以上）

・アタックリストが枯渇気味
・A社と競合するといつも負ける
・プレゼンになると緊張してしまう
・事前準備の時間が取れない
・既得意対応で手一杯
・ヒアリングが不十分かも
・スケジューリングが下手でムダがある
・プレゼン後、検討で止まっている案件が多い

③課題の絞り込み

【制限時間30秒】

上で書き出した課題のなかから「もっともインパクトがありそうなもの」を3つ選んで丸をしてください。

〇アタックリストが枯渇気味
〇A社と競合するといつも負ける
・地元の食材のよさを伝え切れていない
・オペレーションが間に合わないかも
〇既得意対応で手一杯
・ヒアリングが不十分かも
・スケジューリングが下手でムダがある
・プレゼン後、検討で止まっている案件が多い

④解決策を考える

【制限時間3分】

3つに絞った課題を解決する方法を書き出してください。課題ごとに分けて書き出す必要はありません。（目安：10個以上）

・業界団体のイベントに参加してみる
・帝国DBを使ってみる
・無料で使えそうなリストがないかネット検索してみる
・A社のプレゼン資料を入手する
・営業部でA社のプレゼン内容を分析する
・ルーチンワークのマニュアルをつくる
・A社との差別化ポイントを検討する
・ジュニアスタッフにふれる仕事がないか探す
・新規獲得の時間を強制的に確保する
・実際の時間配分を計測してみる

【著者略歴】

冨田和成（とみた・かずまさ）

株式会社 ZUU 代表取締役社長

神奈川県出身。一橋大学卒。大学在学中に IT 分野にて起業。卒業後、野村證券にて数々の営業記録を樹立し、最年少で本社の超富裕層向けプライベートバンク部門に異動。その後、シンガポールでのビジネススクール留学を経て、タイにて ASEAN 地域の経営戦略を担当。2013 年、「世界中の誰もが全力で夢に挑戦できる世界を創る」ことをミッションとして株式会社 ZUU を設立。FinTech 企業の一角として、月間 350 万人を集める金融メディア「ZUU online」や、主要なピッチコンテストでも受賞歴のある投資判断ツール「ZUU Signals」で注目を集める。これまでにシリコンバレーのベンチャーキャピタルを含む総額 5.5 億円の資金調達を行う。過去に Google や Facebook も受賞した世界で最も革新的なテクノロジーベンチャーアワード「Red Herring Asia Top 100 Winners」受賞、テクノロジー企業成長率ランキングである「デロイト トウシュ トーマツ リミテッド 2016 年 日本テクノロジーFast50」1 位受賞、「デロイト アジア太平洋地域テクノロジー Fast500」8 位受賞。最近は金融機関の FinTech 推進コンサルティングやデジタルマーケティング支援なども行い、リテール金融の IT 化を推進している。著書に『大富豪が実践しているお金の哲学』『鬼速 PDCA』（クロスメディア・パブリッシング）がある。

営業《えいぎょう》　野村證券伝説《のむらしょうけんでんせつ》の営業《えいぎょう》マンの「仮説思考《かせつしこう》」とノウハウのすべて

2017 年 10 月 1 日　初版発行
2022 年 10 月 4 日　第 8 刷発行

発行　**株式会社クロスメディア・パブリッシング**

発行者　小早川幸一郎

〒151-0051　東京都渋谷区千駄ヶ谷 4-20-3 東栄神宮外苑ビル

http://www.cm-publishing.co.jp

■本の内容に関するお問い合わせ先 …………………… TEL（03）5413-3140 ／ FAX（03）5413-3141

発売　**株式会社インプレス**

〒101-0051　東京都千代田区神田神保町一丁目 105 番地

■乱丁本・落丁本などのお問い合わせ先 ……………… TEL（03）6837-5016 ／ FAX（03）6837-5023

service@impress.co.jp

（受付時間　10:00 〜 12:00、13:00 〜 17:30　土日・祝日を除く）

※古書店で購入されたものについてはお取り替えできません

■書店／販売店のご注文窓口

株式会社インプレス　受注センター ……………………… TEL（048）449-8040 ／ FAX（048）449-8041

カバー・本文デザイン　金澤浩二（ジェニアロイド）

図版デザイン　大竹優里

印刷・製本　中央精版印刷株式会社

編集協力　郷和貴

ISBN 978-4-295-40113-1　C2034